기독교와
정신치료

도서출판 뉴룸은
구원의 기쁜 소식을 전하고 선행에 전력을 다했던 뉴룸의 정체성을 따라
건강한 신학과 신앙을 위한 서적을 출판하고 공급합니다.
뉴룸(The New Room)은 감리교회의 창시자 존 웨슬리가 자신의 복음
운동의 본부로 사용한 세계에서 가장 오래된 감리교 교회의 예배당(채플)
이름이며, 구성원들의 여러 종류의 만남이나 설교는 물론 갖가지 봉사와
구제 사업을 통해 사회개혁을 시도한 감리교회의 요람입니다.

기독교와 정신치료

지은이 김동선
펴낸날 2022년 6월 24일(초판 1쇄)
펴낸곳 도서출판 뉴룸
주소 (04182) 서울시 마포구 새창로, 52, 105-801
전화 02.703.9046, 010.8324.3351

ISBN 979-11-976739-1-7

책값은 뒤표지에 있습니다.

기독교와
정신치료

김 동 선 지음

도서출판 **뉴룸**

목차

들어가는 말

　나는 정신과 의사와 결혼하였고, 정신병원을 경영하다가 남편이
소천한 2006년부터 신학을 공부하면서 다른 한편으로는 정신질환
으로 범죄 하여 공주치료감호소에서 형을 살고 있는 환우들을 8년
동안 1개월에 1회 생일잔치와 예배로써 섬기게 되었다. 또 아들들
이 정신과 병원(이천 소망병원, 이천 소망 요양병원, 음성 소망병
원, 음성 현대병원)을 운영하게 되었고 두 병원에 원목과 교회가
있어서 예배를 드리러 다녔기 때문에 많은 정신과 환자들을 접하
게 되었으며, 아들을 위시한 정신과 의사들이 학교에서 배우고, 정
신과 심리를 인간의 지혜로만 설명하고, 주장하는 학자들로 인해
서 영이신 하나님과 하나님의 형상대로 지으신 인간에게도 영이
있으며, 원죄로 인한 인간의 내면 안에 있는 죄와 악을 보지 못하
고 있다는 것을 알게 되어 인간의 기본적인 영적인 부분(사단의 궤
계와 성령의 치유)과 원죄의 부패성과, 회개와 용서를 그들이 주장
하는 심리학과 접목하여 도탄에 빠져 고통당하는 병든 영혼들을
구하는 것이 내게 주신 하나님의 뜻이라고 생각하여 기독교 상담
학을 공부하게 되었다.
　나는 하나님을 알지 못하고, 인간에게 영이 있다는 것과 아담에

게서 온 원죄와 인간을 공격하고 유혹하여 지옥으로 끌고 가고자 하는 사단의 무리가 있다는 것을 알지 못하는 정신과 의사로서만은 결코 그들을 완치시킬 수 없다고 생각한다. 프로이트나 아들러, 융 등 많은 정신심리 학자들의 연구는 하나님은 없고, 간교한 사단의 역사나 영적인 것을 알지 못하고, 인정하지 않는다. 마귀에게 고통당하는 불쌍한 많은 영혼들에게 예수 그리스도의 보혈이 아니면 결단코 하나님께서 자기 형상대로 지으시고 세상을 다스리라고 맡기신 자랑스러운 인간으로 회복될 수 없음을 반드시 증거 하고 싶다.

"프로이트만 가지고는 안 돼" 하던 남편의 말을 영적 접목으로 이끌어 주지 못한 것이 안타깝다. 그러나 아직 프로이트만 가지고는 안 된다는 것에 도달하지 못한 아들에게 생명의 원천이시고 영의 세계를 주관하시는 절대자 하나님을 통해야만 모든 인간의 원죄의 사슬이 끊어져서 묶인 자들이 놓임을 받고 진정한 자유를 얻을 수 있다는 것을 체험하고, 선포하는 자로 쓰임 받기를 기도하고 있다. 또한 우리에게 주신 병원들에서 영성 치유가 일어나서 살아 계신 하나님의 영역이 선포되기를 간절히 기도드린다. 그리고 여러 목사님들이 목회 상담학을 연구하고 가르치고 있지만 정신과 의사로서 예수님을 만나 진리를 알고 정신적, 영적으로 고통당하는 영혼들을 사랑하며, 이 막중한 사역에 동역할 수 있는 믿음의 사람들을 만나기를 원한다.

아담으로부터 온 원죄(시기, 질투, 원망, 불평, 불안 등)의 쓴 뿌리로 인하여 인간은 어릴 적부터 서로 미워하고 용서하지 않음으로 작은 일에도 상처받고, 분노하고, 마귀는 자기 상처만 크게 생각되도록 계속해서 상처를 준 사건과 상대에게 원한을 갖게 하는데, 그 상처는 점점 커져서 자기가 빠져서 나올 수 없는 구덩이가 되고, 움직일 수 없는 올가미가 되어 스스로 고통당하게 만든다.

우주를 창조하시고, 인간을 자기 형상대로 지으신 하나님께서는 명령을 거역한 죄로 인해 아담을 땅으로 쫓아내셨지만, 인간을 사랑하시어서 거룩한 자기 백성 삼으시려고, 독생자를 이 땅에 보내셔서 모든 믿는 자에게 원죄와 상처를 깨끗하게 씻어 주시려고 대속물로 삼으셨다. 예수 그리스도로 말미암아 하나님의 성령과 말씀 안에 있으면 마귀는 더 이상 우리를 괴롭힐 수 없다.

"죄를 짓는 자는 마귀에게 속하나니 마귀는 처음부터 범죄함이니라 하나님의 아들이 나타나신 것은 마귀의 일을 멸하려 하심이니라."(요일 3:8)
"오직 너희를 부르신 거룩한 자처럼 너희도 모든 행실에 거룩한 자가 되라 기록하였으되 내가 거룩하니 너희도 거룩할지어다 하셨느니라."(벧전 1:15-16)

믿는 모든 자에게는 하나님께서 성령과 말씀으로 모든 영혼의 상한 심령을 고치시기를 기뻐하시며, 현세에서 거룩하게 하시려고 기다리고 계신다. 말씀충만(히 4:12-13)과 성령의 역사가 충만하게 되면 마귀는 쫓겨 가고, 성령과 말씀의 은혜로 말미암는 용서와 사랑으로 평강을 누리며, 성결한 그리스도인으로서, 또한 그리스도 닮은 그리스도인으로서 성령의 열매를 맺으며, 하나님의 나라를 바라보고 이 땅에서도 서로 사랑하며, 행복하게 살아갈 수 있는 것이다.

"내 계명은 곧 내가 너희를 사랑한 것 같이 너희도 서로 사랑하라 하는 이것이니라."(요 15:12)

"항상 기뻐하라 쉬지 말고 기도하라 범사에 감사하라 이는 그리스도 안에서 우리를 향하신 하나님의 뜻이니라."(살전 5:16-18)

"오직 성령의 열매는 사랑과 희락과 화평과 오래 참음과 자비와 양선과 충성과 온유와 절제니 이 같은 것을 금지할 법이 없느니라."(갈 5:22-23)

1장

현대인의 정신병리

1장
현대인의 정신병리

1) 한국인의 정신병리

한국인의 정신병리 현황

상담학 교수이며 한국 상담개발원 원장인 손매남 목사의 『목회
정신병리학』에 따르면, 한국인의 정신병리 현황은 우리나라 국민의
정신장애의 평생 유병률은 10명 중 3명이며, 알코올이나 니코틴
장애를 제외하면 13%이다. 그리고 1년 동안의 정신장애 유병률은
19%(남 23%, 여 15%) 이다(2001 통계청). 우울증이 일본이나 미
국의 2배나 앞선 수준이며 1년에 330만 명이 우울증을 앓고 있고,
여성의 4인 중 1명이 우울증으로 고통받고 있다. 여성이 남성보다
2배 정도 많이 발생하는데 IMF 이후에는 남성도 여성과 동일하게
발생한다. 불안은 정신병리의 근본인데 불안 지수가 제일 높은 나
라가 우리나라이며 우리나라는 가정폭력이 세계 제2위이다.

가정에서 폭력을 쓰면 자녀들도 커서 무의식적으로 폭력을 동일시
하거나 본받게 되는 것이다. 성폭력은 세계 제3위지만 신고율이 낮
아 실제로는 제1위이다. 우리나라 이혼율은 2쌍이 결혼하면 1쌍이

이혼하는 셈이다. 이혼은 당사자 간의 문제만이 아니며 상처받지 않은 이혼은 거의 없다. 그 자녀들은 정신병의 온상이며, 뉴욕에서는 이혼한 자녀들의 3명 중 1명이 자살한다고 한다.

복지부에 따르면 16~64세의 인구의 10%인 330만 명이 알코올 중독자로, 알코올 남용자는 400만 명으로 추산되고 있다. 한국의 술 소비량은 세계 제8위이며 30대는 65%, 40대는 술로서 스트레스를 해소하고 있다. 청소년의 음주도 70%를 넘어섰고, 고교생의 4명 중 1명이 술을 마신 경험이 있다고 한다. 문화가 발달하면서 스트레스는 더욱 증가하고 있다. 심리적, 정신적 스트레스는 결국 모든 병의 원인이 되고 있다.

한국인의 정신방어 기제

인간은 불안하면 누구나 심리적으로 방어기제를 사용한다. 한국인들은 특히 정신병리의 방어기제를 많이 사용하고 있다.

투사

자신의 잘못을 인정하지 않고 모든 것을 남의 탓으로 돌리는 방어기제이다. 성경에도 창 3:12에 보면 "하나님이 주셔서 나와 함께 한 여자가 그 나무 실과를 내게 주므로 내가 먹었나이다"라고 말하였다. 아담은 자기 자신의 범죄에 대해서 불안함을 느꼈기 때문에 하나님께서 주신 하와에게 죄를 전가하고 투사함으로써 자신을 방어한 것이다. 투사는 매우 병적이며 심각한 방어기제이다. 편집증이나 피해망상, 알코올 중독환자에게 특히 많다.

신체화

심리적 갈등이 신체의 부위의 증상으로 나타나는 것을 말한다. 한국인들은 사촌이 땅을 사면 배가 아프며 다른 사람들의 잘 되는 것을 싫어하는, 다른 민족에게는 없는 미성숙한 방어기제로 신경증의 한 증상을 갖고 있다.

억압

고통스러운 일이나 생각, 감정, 기억을 의식적으로 억누르는 무의식적 방어기제이다. 억압이 많을수록 신경증이 되며 미국 정신의학회의 DSM-IV(정신장애 진단 및 통계 편람)에 정식 등록된 '홧병'은 우리나라 여성에게만 발생하는 문화병으로 소개되어 있다. 억압이 시작되고 10년~15년이 되면 발병되는데 교회의 사모님들이나 교인들도 신경증으로 고통당하는 사람들이 많이 있다. 예수님이 이 땅에 오신 것은 우리에게 자유를 주시기 위함이라고 했다.

"그러므로 예수께서 자기를 믿은 유대인들에게 이르시되 너희가 내 말에 거하면 참 내 제자가 되고 진리를 알지니 진리가 너희를 자유케 하리라."(요 8:31-32)

"그러므로 그리스도 안에 있는 자에게는 결코 정죄함이 없나니 이는 그리스도 예수 안에 있는 생명의 성령의 법이 죄와 사망의 법에서 너를 해방하였음이라."(롬 8 :1-2)

한국인의 자아 기능의 약화

프로이트에 의하면 정신 기능에 따라 정신구조를 원욕(본능), 자아, 초자아(양심)의 세 부분으로 나누는 데 가장 중요한 것이 자아(ego)이다.

자아가 무너지면 정신병자가 되고 자아가 약한 사람은 신경증이나 인격장애에 걸리게 된다. 인격이 발달하는 어릴 때 한국인의 자아는 여러 면에서 침해를 받고 있다. 미국인과 한국인의 20~30대를 설문 조사한 어느 언론의 발표를 보면 "내가 어떻게 살아야 좋은지 모르겠다."라고 응답한 사람이 한국인의 52%인데 비해 미국인은 15%밖에 되지 않는다고 한다. 이것은 청소년 때 보인 자아정체감의 혼란이 성인이 되었을 때도 계속된다고 해석된다. 자아의 성숙은 정신건강의 비결이며 자아의 붕괴는 정신병의 근원이 된다. 왜 이렇게 한국인의 자아는 무너져 가고 있는가?

1. 과잉보호의 양육 형태의 교육: 과잉보호는 자녀 사랑이 아니고 자기 사랑에 불과한데 우리나라 부모들은 자녀를 지나치게 과잉보호하고 있다. 20여 년 전에 앞날을 내다보지 못한 정부의 시책으로 행해졌던 둘 낳기, 하나 낳기 운동으로 인해 부모와 자녀의 분리 개별화가 이루어지지 않고 과잉보호의 정신이 팽배하게 되었다. 어머니가 다 해주니까 아이 스스로 할 수 있는 능력을 키우는 독립성과 자율성이 없으니 의존적이며 미성숙한 자아가 확대되어 알코올 중독도 더욱 많아질 수밖에 없다.

2. 제한적인 양육 형태의 교육: 우리 교육은 무엇이든지 "하지 말라"는 것이다. 다만 한 가지, 공부만 하라는 것이며 그 외에는 무엇이든지 하지 말라는 것이다. 이러한 제한적 어머니를 가리켜 대인관계 이론의 아버지 셜리반은 "정신분열증적 어머니"라고 호칭하고 있다. (cf.손매남, 『목회정신병리학』(한국상담개발원, 2004), 13-18,

21-22). 이것은 어머니와 아이의 잘못된 관계로 인하여 왜곡 현상을 초래해 정신분열증을 만들어 낸다는 것이다.

3. 무조건 큰 사람이 되라: 어떤 것이 큰 사람인지 구분이 없다. 아이의 적성에 맞는지를 생각하기보다 오직 공부에만 1등이 되기를 원하며 고액과외도 아이를 위해서라면 마다하지 않는다. 머리가 공부 쪽이 아닌 것이 분명한데도, 놀기를 좋아하고 모든 운동에 재능이 뛰어난 것 같아도, 한국의 모든 어머니들은 자기 아이가 모든 학과에서 성적 순위로 뛰어나기를 바란다. 이것은 초자아의 과잉 발달을 초래해 자아의 성숙을 막아 버린다. 자아가 건강하게 발달하기 위해서는 건전한 사랑과 인내심, 자율성과 독립심의 강화, 그리고 예의범절을 가르치는 것이 대단히 중요하다.

2) 기독교 입장의 정신병리

하나님께서는 세상을 창조하시고 자기 형상대로, 흙으로 사람을 만드시고 생기를 불어넣으셨다. 그리고 모든 생물에게 육과 혼을 주셨고, 하나님의 형상대로 지으신 사람에게는 육과 혼과 영을 주셨다.
　"여호와 하나님이 흙으로 사람을 지으시고 생기를 그 코에 불어 넣으　시니 사람이 생령이 된 지라."(창 2:7)
　즉 인간의 혼은 자아이며, 자아는 태어나면서부터 부모, 친구, 환경(학교) 등 모든 것들을 통하여 각자의 성격(지식, 감정, 의지, 가치관 등)이 형성된다.

이때에 타락한 아담에게서 온 인간의 영은 혼과 연합하여 혼적인 사람(육신에 속한 사람)으로 사단의 영의 지배를 받는다. 그러므로 혼에 속한 사람은 육체의 열매를 맺는다. 에덴동산에서 하나님께서 인간에게 영광과 찬송을 받으시려고 주신 성령은 인간이 범죄 할 때에 떠나고, 타락한 사단의 영이 인간을 주장하게 되었다.

하나님의 아들 예수 그리스도께서 이 땅에 오셔서 인간의 죄를 위해서 십자가에서 죽으신 것을 믿으면, 성령으로 말미암아 회개를 통하여 자아가 깨어져서 우리의 영이 하나님을 만나게 되고, 성령이 들어오시면 성령이 자아(혼)를 지배하게 되어 성령의 사람이 된다.

"복음에는 하나님의 의가 나타나서 믿음으로 믿음에 이르게 하나니 기록된바 오직 의인은 믿음으로 말미암아 살리라 함과 같으니라."(롬 1:17)

성령의 사람은 성령의 열매를 맺는다. 그러나 진정한 회개를 통하여 자아가 완전히 깨어지지 아니하면 원죄가 남아있어서 양심이 역사하게 되어 예수님의 모습을 온전히 닮아갈 수 없고, 성령의 지배를 받다가 세상 영의 지배를 받다가 하므로, 사단의 침입과 유혹을 막을 수 없다. 그러므로 하나님을 믿고 교회에 다니는 사람도 자살하고, 우울증이나 신경증에 걸릴 수 있다. 병이 오래되면 점점 고치기 어려워진다. 빨리 회개하고 상처를 준 사람들을 용서하고 하나님께서 우리를 사랑하신 것같이 다른 사람들을 용서하고, 사랑하면 우리를 억누르고 있던 것들로부터 놓임을 받고, 자유를 얻게 되는 것이다. 이 일이 지체되면 사단은 그 사람에게 들어가서 자리를 잡고 나가지 않으려고 한다. 어리석고 교만하여 회개하지 않는 자들에게는 사단이 집을 짓고 나가지 아니함으로 극도의 고통을 당하며, 정신병원을 전전하며, 신경쇠약증, 우울증 등 정신병 환자로서 불쌍하고 추한 모습으로 생명을 유지하여 살아갈 수밖에 없다. 오직 예수 그리스도의 보혈을 의지하고, 통회하고 하나님의 말씀에 깊은 깨어짐(히 4:12-13)을 받아야 한다.

"하나님의 말씀은 살았고 운동력이 있어 좌우로 날선 어떤 검보다도 예리하여 혼과 영과 및 관절과 골수를 찔러 쪼개기까지 하며 또 마음의 생각과 뜻을 판단하나니 지으신 것이 하나라도 그 앞에 나타나지 않음이 없고 우리의 결산을 받으실 이의 눈앞에 만물이 벌거벗은 것 같이 드러나느니라."(히 4:12-13)

그리스도의 보혈을 믿고 거룩하신 성령으로 세례를 받아 중생한 후, 말씀으로 자아가 완전히 깨어져서 성령 충만함으로 성결하게 된 그리스도인은 결코 우울증에 걸릴 수 없다. 성결한 그리스도인은 이미 하나님께서 주신 자유와 평강이 있기 때문에 얼마든지 기도하고 말씀으로 성령 충만을 유지하며, 사단의 공격을 이겨 나갈 수 있다.

하나님을 알지 못하는 사람은 사단의 공격을 받아 이길 힘이 없고, 우울증, 신경증에 더 노출될 뿐 아니라 그의 혼을 사단이 잡고 있어서 회개할 수도 없으므로, 치료도 오랜 시간이 걸리고 더 완치되기 어렵다. 예수님이 육신으로 이 땅에 오신 목적은 육신을 가진 인간을 죄에서 놓임 받고, 사단의 묶임에서 자유 하게 하시려는 것이다.

"주 여호와의 영이 내게 임하셨으니 이는 여호와께서 내게 기름을 부으사 가난한 자에게 아름다운 소식을 전하게 하려 하심이라 나를 보내사 마음이 상한 자를 고치며 포로된 자에게 자유를, 갇힌 자에게 놓임을 선포하며."(사 61:1)

2장

정신병리와
정신의학

2장
정신병리와 정신의학

심리학의 발달은 정신의학이라는 새 분야를 생성시켰다. 프로이트를 중심으로 일어난 이 경향은 심리학 분야에 많은 문제성을 제기하였고, 그 공적과 과오에 대한 여러 가지 평가가 있다.

1) 프로이트의 정신분석학

프로이트 학파의 이론과 치료

프로이트의 정신분석학(Psychoanalysis of Sigmund Freud)이 심리학 분야에 혁명적 계기가 된 것은 부인할 수 없다. 프로이트는 현대사회(특히 미국 사회)가 당면한 책임을 붕괴시키는 데 주도적 역할을 하였고, 또 그것은 새로운 도덕과 근본적 전제에 관한 공헌이다. 프로이트는 인간을 내적으로 갈기갈기 찢어진 존재로 보았다. 그는 정신구조를 원욕(Id, 성과 공격), 자아(Ego), 초자아(Superego)로(Freud, 1923) 구분하였다. 원욕(본능)은 생물학적 구성요소이고, 자아는 심리적 구성요소가 다르기 때문에 갈등이 생기고 이 갈등이 심리적 문제의 근원이 되어 심리적 증상이 시작된다.(cf. 김제술, 『목회상담의 이론과 실제』(세종문화사 2004), 48-60; 노안영, 『상담 심리학의 이론과 실제』, 13, 120-127)

프로이트에 의하면 원욕은 본능적 욕구들로 구성되어 있으며 쾌락 원리에 의해서 움직인다. 자아는 환경과 상호작용하여 발달하며 원욕과 초자아의 중재기관이다. 자아는 본능의 맹목적인 충동을 점검하고 의식(지성과 이성)을 통제하고 방어기제를 사용하여 불안에서 자신을 보호한다. 초자아는 부모의 가치 기준에 동화됨으로서 자아로부터 발달되었다. 초자아(양심)는 자아가 현실적인 목표보다 이상적인 목표를 지향하도록 하여 본능적 행동을 억제한다.

프로이트는 정신병에 걸리는 것은 초자아가 지나치게 사회화(부모, 교회, 교사)되었기 때문이다. 지나치게 사회화된 양심은 지나치게 심각하고 엄격하여 정신병을 초래한다. 갈등은 원욕이 표현되기를 바라다가 초자아에 의해서 좌절되었을 때에 일어난다. 잠재의식에서 일어나는 이 갈등은 인간의 고통의 근원이라고 한다. 원욕(Id)이 초자아에 의해서 억압을 받을 때 갈등하고 있는 사람은 죄책감을 경험하게 된다. 그러나 그의 죄책감은 진정한 죄로 인해서 생기는 감정이 아니므로 잘못된 죄의식을 버리고 허위를 제거하는 것이 필요하다. 치료자는 원욕이 초자아와 대항하게 함으로써 치료를 성취시킨다고 한다. 초자아를 약하게 하고 패배하게 함으로써 본능을 희생시키려는 욕구를 갖지 못하도록 한다.

불안과 성격의 발달

프로이트는 원인에 대한 명확한 대상이 없이 두려움을 느끼는 것을 불안이라고 보았으며 모든 불안의 원형이 출생외상이라고 생각했다.

그가 제안했던 세 가지 형의 유형은 '현실적 불안', '신경증적 불안', '도덕적 불안'이다. 이러한 불안은 원초아, 자아, 초자아와 현실 간의 갈등으로 보았다.

불안

a) 현실적 불안: 자아가 현실을 자각하여 두려움을 느끼는 불안으로 실제적 위험에서 우리를 보호한다. 실제의 외부로부터 오는 불안으로 불안의 정도는 실제 위험에 대한 두려움의 정도와 비례한다.

b) 신경증적 불안: 현실을 고려하여 작동하는 자아와 본능에 의해 작동하는 원초아와의 갈등에서 비롯된 불안이다. 무의식적 두려움으로 자아가 원초아로부터의 본능적 위협을 감지하면 우리는 언제나 불안을 느낀다.

c) 도덕적 불안: 원초아와 초자아 간의 갈등에서 비롯된 불안으로 본질적으로 자신의 양심에 대한 두려움이다. 도덕적 불안은 자신의 행동이 도덕적 기준에서 위배된 생각이나 행동을 했을 경우 생기는 불안이다. 이것은 개인 내부의 힘의 균형에 대한 위협으로부터 오는 불안이다.

성격의 발달

성격은 계속 변화하고 발달하여 간다. 특히 유아기, 아동기, 청춘기에서 두드러지게 변화하며 자아는 더욱 다양하게 세분되어 가고, 본능적 에너지에 대한 자아의 통제력은 더욱 강화되어간다. 행동의 양상은 다양해지고 외부세계에 대한 관심, 집착 등과 대상 추

진력 현상이 많이 일어나며 지각, 기억, 사고와 같은 심리작용이
발달하게 되는 것이다.

인간은 나이가 들수록 추진력과 억제력은 안정화되면서 성격은
더 융통성 있고 질서정연하며 시종 일관된 행동을 나타내게 된다.
또 학습을 통해서 좌절감과 불안을 잘 조절할 수 있는 능력을 키워
가게 된다.

한 인간은 다섯 가지 조건을 통해서 여러모로 변화해 간다.

1. 성숙 과정
2. 외부로부터 받는 좌절감(외부적 부족이나 기회 박탈로 인한
   불안과 고통 등)
3. 내적 갈등(추진력과 억제력의 대립)
4. 성격상의 부조화
5. 불안

사람이 어떠한 일에 당면하여 그 일을 극복하거나 적응해 나가
느냐에 따라 성격의 모습이 달라지게 된다. 사람들이 좌절감, 갈
등, 불안 등을 극복해 나가는 방법들은 동일시, 대상전이, 승화,
방어기재, 상호 얽힘과 타협을 통한 본능의 변형 등의 방식들을 통
해서 해결된다.

a) 동일시

동일시란 외부적 대상이나 타인의 특징을 자기 자신의 마음속에 내재화시키는 것이다. 동일시가 일어날 수 있는 조건은 첫째, 자기애적인 카텍시스(자기 자랑)가 뻗어나가서 자기 마음에 드는 타인에게서 나르시시즘을 확인하는 형태를 말한다. 나르시시즘이란 프로이트가 그리스의 신화인 나르시스에서 따온 학술용어로서, 나르시스는 우물에 비친 자기 모습에 스스로 반해서 사랑을 느꼈던 소년이다.

둘째, 좌절감과 불안에서 온다. 실패한 사람이 성공한 사람을 닮고자 하는 형태의 동일시를 가리켜 '목표 지향적 동일시'라고 한다. 목표 지향적 동일시는 가장 흔한 형태의 동일시이며 성격의 발달에 지대한 영향을 미친다. 이것은 다른 사람의 어떤 개별적인 특징만을 닮게 되는 것인지 아니면 그 사람 전체를 닮게 되는지를 분명히 해야 한다.

셋째, 자기가 추구하는 대상을 추구했거나 가질 수 없게 되었을 때 자기 자신을 잃어버린 대상처럼 만들어 버림으로써, 어떤 보상심리로 만족하려고 한다. 이와 같은 형태를 '대상상실 동일시'라 한다. 이것은 부모의 사랑을 못 받을 때 부모의 바라는 바대로 행동함으로써 부모의 사랑을 회복하려고 노력한다. 부모가 바라는 자신이 되고자 하며 그런 형태의 상상적 모형에 자신을 동일시하게 된다. 대상 상실 동일시는 현실적으로 대상을 되찾게 해준다.

넷째, 권위체가 금지한 것과 동일시하게 되는 것이다. 이러한 동일시는 잠재적으로 체제의 규칙에 순종함으로써, 처벌받는 것을 면해보려는 속셈이 있기 때문이다. 즉 사랑하기 때문에 닮는 것이 아니라 공포감 때문에 닮는 것이 된다.

b) 전이

에너지가 하나의 대상에서 다른 대상으로 유입되는 과정을 '전이'라 한다. 인격의 발달은 대개 일련의 에너지의 전이 또는 대상의 전이 과정을 통해서 진행된다. 이때 에너지가 전이된다 해도 본능의 원천과 목표에는 변함이 없고 변화되는 것은 대상밖에 없다. 계속해서 대상이 전이되는 것은 그 대상에서 완전한 만족을 얻지 못하기 때문에 비슷한 다른 대상으로 옮겨가게 된다.

c) 방어기재

불안은 세 가지 자아 간의 갈등으로 끊임없이 야기된다. 자아는 충동적으로 쾌락을 추구하는 원욕(원초아)과 완벽성을 추구하는 초자아와의 갈등을 감소시키려고 노력한다. 프로이트는 불안을 피하려고 한다는 점에서 방어적이라고 보았다. 인간은 기본적으로 불안을 원치 않으며 그것을 벗어나기를 원함으로, 갈등에서 비롯된 불안으로부터 자신을 보호하기 위해 다양한 방어기재를 사용한다. 방어기재는 고통에서 우리를 보호한다는 점에서 유용하지만 그것이 무분별하고 충동적으로 사용될 때는 병리적으로 된다.

(a) 억압: 불안을 일으키는 이드, 자아, 초자아의 추진력은 억제력에 반대작용에 부딪혀 의식계에 떠오르지 못하게 하는 수가 있다. 이때 추진력을 억누르는 억제력의 작용을 억압이라 한다. 억압에는 원시적 억압과 본연의 억압이 있는데 원시적 억압은 의식의 깊은 곳에 있는 본능적 대상선택에 작용하여 그것이 아예 의식계에 떠오르지 못하게 근원적인 봉쇄를 한다.

또한 이것은 선천적으로 물려받은 장벽으로서 이드를 구성하는 대부분의 내용들을 영원히 무의식 속에 가두어 두는 것이다. 본연의 억압은 위험한 기억, 사고, 지각 등을 의식계에 올라오지 못하게 막고 어떠한 형태의 행동으로든 표출되지 못하게 장벽을 치는 역할을 한다. 억압이 심하게 되면 신체 일부에 정상적인 기능마저 장해를 받아서 히스테리성 장님이나 히스테리성 마비증에 빠지기도 하는데 눈이나 근육은 정상적이다. 관절염은 적개심이 억압되었을 때 발생한다. 즉 화나는 일을 꾹 참고 있으면 이것이 근육조직 속으로 확산되어 통증이 오고 이러한 상태가 오래 지속되면 만성 관절염이 되고 만다. 천식, 위궤양도 일어날 수 있다. 사람이 나이가 들어감에 따라 억압으로부터 독립하게 되며 억제력에 투입되었던 에너지는 더 생산적인 다른 활동에 쓰이게 된다.

(b) 투사: 자아나 초자아의 압력 때문에 불안을 느끼는 사람은 그 불안의 원인이 자기 내부에 있는 것이 아니라 외부에 있는 것처럼 가장하여 불안을 덜어보려는 심리를 갖게 된다. 투사의 중요한 특징은 느끼는 주체, 즉 자기 자신이 다른 것으로 바뀐다는 것이다. 자아가 투사를 방어기재로 채택하는 목적은 신경증적 불안이나 도덕적 불안을 현실적 불안으로 바꾸어 놓으려는데 있다. 자기 자신의 공격적 또는 성적 충동을 두려워하고 있는 사람은 그 충동을 마치 다른 사람이 가지고 있는 것처럼 전가함으로써 어떤 구제를 받을 수 있다.

(c) 반동성형: 여러 본능들은 그 반대되는 본능들과 짝을 지을 수 있다. 즉 생과 사, 사랑과 증오, 건설과 파괴, 능동과 수동, 지배와 굴종 등이 그것이다. 어떤 본능이 자아에 직접 압력을 가하거나 초자아를 통해 간접적으로 압력을 가하여 불안을 만들어 낼 때 자아는 부딪쳐 오는 본능을 그와 정반대되는 본능으로 덮음으로써 균형을 취하려 하게 된다.

(d) 고착: 신체적 발달처럼 심리적 발달도 생후 20년 동안 꾸준히 점진적으로 이루어지지만, 특징에 따라 유아기, 아동기, 사춘기, 성인기로 나눌 수 있다. 정상적인 경우에 이들 단계를 차례로 밟아가며 성장하지만 때로는 어떤 단계에서 성장이 멈추고 다음 단계로 넘어가지 못하는 수도 있다. 이러한 현상이 심리적 성장 과정 중에 일어나면 이를 '고착'이라고 한다. 고착도 불안에 대한 방어기재라고 볼 수 있다. 어떤 사람은 심한 초자아의 지배를 받으며 살기도 하고, 어릴 때 느꼈던 공포감에 사로잡혀 항상 전전긍긍하기도 한다. 일단 고착상태에 빠지면 심리적 가능성을 충분히 발휘할 수 없게 된다. 불안정, 실패, 처벌 등이 원인이다.

(e) 승화: 원초아의 충동을 일, 유머, 창조적 예술 활동과 같은 수용할 수 있는 사회적 행동으로 변형하는 방어기재를 승화라 한다. 이러한 승화는 건강한 자아를 만들어 준다.

(f) 퇴행: 불안을 의식에서 밀어냄으로써 고통을 제거하려고 하는 억압이나, 초기 발달단계로 돌아감으로써 위협적 상황을 피하려고 하는 것을 '퇴행'이라 하며 퇴행은 정신건강에 해롭다. 첫째는 현실의 부정, 혹은 왜곡이다. 둘째는 방어기재는 무의식적으로 작동된다는 점이다.

심리성적 발달단계

프로이트가 제안한 심리성적 발달단계는 정신에너지인 리비도가 신체 부위의 어디에 집중되느냐에 따라 다섯 단계인 구강기, 항문기, 성기기(남근기), 잠재기, 생식기로 구분된다. 가장 중요한 단계는 성기기이며 이 시기에 남자아이는 반대성인 어머니에 대한 무의식적 욕망에서 비롯된 갈등인 오이디푸스 콤플렉스(여아는 엘렉트라 콤플렉스)를 경험한다. 성기기 중에 남자아이는 거세 불안을, 여자아이는 남근 선망을 느낀다. 어린아이는 자신을 아버지나 어머니와 동일시함으로써 오이디푸스나 엘렉트라 콤플렉스를 극복하고 사회적 규범, 도덕적 실체라고 할 수 있는 부모에 대한 동일시를 통해 초자아를 형성한다.

정신분석의 목표

내담자가 불안을 야기하고 있는 억압된 충동을 자각하게 하는 것이다. 정신분석의 목적을 세 가지로 요약해 보면 첫째 신경증적 고통을 수용할 수 있는 현실적 고통으로 바꾸고, 둘째 원초아가 있었던 곳을 자아로 대체시켜 합리적 삶을 유지하고, 셋째 정신건강을 회복시켜 사랑과 일을 할 수 있는 능력을 갖추게 하는 것이다. 프로이트는 "정신분석자는 발굴 작업을 수행하고 있는 고고학자처럼 가장 깊숙이 가장 값진 보물을 찾을 때까지 환자의 정신을 한층 한층 벗겨가야 한다."라고 말했다.

정신분석의 과정

정신분석의 과정은 치료 동맹, 훈습, 종결 단계로 구분할 수 있다.

내담자가 분석에 적절한 사람인가를 평가하여 치료계약을 맺고 전이 관계를 형성할 때까지 치료 동맹이 형성된다. 훈습은 환자의 통찰을 변화로 이끄는 것을 방해하는 저항을 반복적이고 점진적으로 정교한 탐색을 하는 것을 말한다. 정신분석 과정에서 사용되는 주요한 기법으로 자유연상, 꿈 분석, 정화, 전이와 역전이, 저항, 해석 등이 있다. 전이는 인생 초기의 의미 있는 대상(주로 부모)과의 관계에서 발생했으나 억압되어 묻어 두었던 감정, 신념, 욕망을 자기도 모르게 치료자에게 표현하는 현상이다. 역전이는 치료자가 내담자에게 일으키는 전이 현상이다.

정신분석에서 저항의 해결은 무엇보다 주요하다. 저항은 변화보다는 현재 상태를 유지하려는 관상적인 힘이다. 저항의 주요한 이유는 첫째 변화에 대한 두려움이고 둘째 무의식적 소원과 욕구의 충족을 계속 유지하고 싶어서이고 셋째 무의식적 갈등을 직시하는 것이 두려워서이다. 해석은 내담자가 자유연상에서 보고한 자료, 꿈의 자료, 실언, 증상, 전이 등의 의미를 깨닫도록 하는 치료자의 시도다.

정신분석에 대한 비판

프로이트의 정신분석은 인간의 정신적인 면에 대하여 세 가지 잘못을 저지르고 있다.

첫째는 비인격화이다. 인간의 비인격화는 이전에 그리스의 데모크리토스가 최초로 주장한 물리적인 인간관이다. 인간은 '원자와 공간' 속에 물질이 우연히 집합하여 생긴 것으로 보았던 경향이 다시 정신분석에 의하여 새로운 모습으로 강조되었다. 정신분석에 따르면 인간의 인격은 이드(Id)라고 불리는 생득적이고 역동적인 에네르기의 결과에 불과하다. 그 힘의 근원을 본래 성적, 무의식적, 비도덕적인 심적 활동력으로 생각하였다. 정신분석에 의하여 자아, 초자아의 힘의 균형이 그 사람의 성격의 형을 결정한다고 본다. 정신분석의 인간학은 인간의 참모습을 상실한 것으로 인간을 다만 원욕, 자아, 초자아라는 심적인 힘으로 된 평형사변형, 혹은 본능, 유전, 환경 등의 산물로만 생각하고 있다.

둘째는 비현실화이다. 정신분석은 인간을 단순한 물체로 환원하는 동시에 인간의 세계를 완전히 주관화해 버린다. 그것은 정신분석이 환자의 주위에 있는 중요한 사람들과 사건들이 유아기의 적응이라는 신화에나 나오는 요소로밖에 취급하지 않기 때문이다. 환자와 중요한 접촉을 하는 사람들을 다만 오이디푸스기의 재현으로만 본다. 이것은 환상이지 과학적으로도 생각할 수 없는 것이다. 인간을 찢어서 해부하여 분석하고 다시 붙이는 것이다.

셋째는 인간 가치의 저하이다. 정신분석은 인간을 '물질적인 메커니즘' 화하여 버렸고, 인간의 가치를 파괴하여 버렸다. 모든 윤리와 계율을 도덕화, 합리화라는 메커니즘의 이름 아래 말살시켜 버렸다. 인간은 물질이 아니고 고귀한 영을 가진 만물의 영장이다.

2) 아들러의 개인심리학

개인심리학(individual psychology)이란 아들러(A. Adler, 1870-1937)에 의해서 창시된 심리학이다. 아들러는 처음에는 프로이트와 협력하여 정신분석발전에 기여하였으나 1911년 그와 이별하였다. 그 이유는 프로이트의 범성론에서 정신분석을 해방시키기 위함이라 하며 프로이트의 성 충동의 중시에 대하여 아들러는 인간의 마음속에 있는 우월성 추구의 충동을 중시한다. 아들러는 융과 같이 프로이트가 과거 어린 시절의 체험이 현재의 정신상태를 설명한다고 주장하는 데 반하여 목적이나 미래가 현재 정신상태에 더욱 중요하다고 생각한다. 프로이트는 정신 내부의 힘의 충돌을 중시하고 과거의 경험에 대한 원인 규명으로 신경증을 치료하고자 하였으나 아들러(cf.노인영, 『상담심리학의 이론과 실제』(학지사 2009), 1)는 적응시키고 교육하는 것을 중요시하며 인간을 움직이는 것은 '힘에의 욕구'라고 주장하였다. 아들러는 신경증의 원인을 결단성이 없는 인간이 문제 해결을 도피하고자 나타내는 징후라고 생각하였다. 아들러의 개인심리학은 실천적이며 임상심리학이며, 인격심리학이다. 아들러는 의사가 환자를 치료하는 것과 같이 심리학은 인간 전체를 취급해야 한다고 주장한다.

정신적인 개념

a) 열등감: 열등감은 외부에는 나타나지 않고 직접 확인할 수도 없으나 열등감을 보상하려는 노력의 욕구, 즉 '힘에의 욕구 의지'가 어린이의 성장과 많은 관계가 있다. 열등감과 힘에의 욕구는 동전의 두 측면이다. 이것의 평형을 유지하는 어린이는 잘 성장하나 한쪽으로 기울어지면 이상 성격이 된다. 열등감은 환경의 영향을 받는다.

b) 보상: 모든 인간은 열등감을 가지고 있으며 그것을 보상하고
자 하는 경향을 보인다. 신체 기관뿐 아니라 정신적 열등감을
가질 수도 있는데 그것을 극복하려고 노력한다. 심하면 과잉
보상의 형태를 취하는 경우도 있다.

아들러는 열등감을 가진 자는 타인과 협동할 수 없으므로 열
등감과 협동심은 반비례한다고 하였다. 그는 개인의 사회적
감정의 존재를 중시하였다. 개인을 만들어 가는 가치는 사회
성에 신장의 여부에 있다는 것이다.

c) 환경론: 아들러는 가정환경을 중시하여 어린이 교육, 어른의
재교육을 강조하였다. 갓난아기는 어머니에게 애착을 가지나
어머니는 어린아이를 독점하지 말고 아버지와 형제와 관계를
지어주며 그 후는 아버지가 어린이를 사회로 인도하는 교육
을 해야 한다. 아들러의 개인 심리학은 어린이의 성격 형성에
있어 장유의 서열을 중시하며 장자, 차자, 말자 등은 각각 성
격 특성상 공통된 점이 있다. 허약한 아이, 엄격하게 키운 아
이, 과잉보호하여 키운 아이는 열등감이 강한 아이, 반사회적
아이, 자기중심적인 어린이가 되기 쉽다.

d) 신경증과 범죄심리: 신경증은 사회적인 방법으로 열등감을
극복하지 못하고 어떤 병상을 일으켜서 자기 행위에 대해 변
명을 한다든지 공상 속에 자기를 만들어 놓는 등의 증상이다.
그것은 개인의 책임을 회피함으로써 자아를 주장하고자 하는
욕구이다. 신경증 환자는 자기의 태도가 사회적이 아니라는
것을 모르고 있다.

상담 과정

내담자의 문제 해결을 위해 그에게 관심, 상식, 용기를 불어넣어 바람직한 삶을 영위하도록 조력한다. 상담자들은 상담을 통해 내담자의 생활양식을 파악하여 바람직한 방향으로 생활양식을 바꾸도록 재교육이나 재 정향을 위해 노력한다. 아들러 학파가 일반적으로 가정하는 생활양식의 재 정향을 위해 사용되는 기법으로 즉시성, 격려, '마치—처럼' 행동하기, 자기 상담 과정의 네 가지 단계는 상담관계 형성, 평가와 분석, 해석과 통찰, 재 정향이다. 생활양식의 제정향을 위해 사용되는 기법으로 즉시성, 격려, '마치—처럼', 행동하기, 자기 모습의 파악, 질문, 내담자의 수프에 침 뱉기, 악동 피하기, 단추 누르기 기법, 역설적 의도, 심상 만들기, 과제 설정과 이행, 숙제 등이 있다.(cf. 노인영, 『상담심리학의 이론과 실제』,166-170).

개인심리학 비판

개인심리학은 자아와 사회의 관계를 중요시 한 점이 특징이다. 아들러는 정신분석의 편협한 심리 체계에 불만을 느꼈으나 그 자신도 참된 목적론의 근본인 초월성인 정신면을 찾지 못했다. 아들러의 공적은 프로이트가 무시해 버린 인간의 심적 역동의 요소를 취급하였고 특히 인격의 발달에는 사회적 요인이 극히 중요한 것임을 지적한 데 있다고 하겠다.

3) 융의 분석심리학

심리학에 관한 융(Carl G. Jung)의 책은 많이 있다. 목회자나 정신과 의사가 다 필요로 하는 융의 저작에는 "마음에 관한 지식"이 있다. 목사의 아들로 태어난 융의 분석심리학은 목회자의 인간 이해에 큰 도움이 된다.

분석심리학

분석심리학은 스위스의 정신의학자 융에 의해서 창시된 심리학이다. 초기에는 프로이트와 함께 정신분석학의 발전에 힘써 왔으나 학설이 서로 달라졌기 때문에 1913년에는 서로 완전히 결별하였다. 그는 자신의 독자적인 심리학을 확립하여 그것을 '콤플렉스 심리학'이라 하였으나 후에 분석심리학으로 고쳐 부르게 되었다. 분석심리학은 다른 심리학 학파들과 같이 무의식의 존재를 중시하고 개인적 무의식과 집합적 무의식으로 나누었다.

a) 개인 무의식: 개인적 무의식은 자연에 의하여 억압되었거나, 망각되어 자아에 인정되지 않았던 심적 내용에 의하여 성립되고, 감정에 의하여 결합된 콤플렉스로 형성되어 있다. 개인 무의식은 의식되었지만, 그 내용이 중요하지 않거나 고통스러운 것이기 때문에 망각되었거나 억제된 자료의 저장소다. 즉 너무 약하기 때문에 의식에 도달할 수 없거나, 의식에 머물 수 없는 경험은 모두 개인 무의식에 저장된다.

b) 집단무의식: 융이 제안한 독창적 개념으로 분석심리학의 이론 체계에서 가장 핵심적인 개념이다. 이것은 개인적 경험이 아니라 사람들이 역사와 문화를 통해 공유해 온 모든 정신적 자료의 저장소다. 융은 인간의 정신적 소인이 유전된 것으로 생각하였다. 따라서 집단무의식은 인류 역사를 통해 선조로부터 물려받은 우리의 행동에 영향을 주는 정신적 소인인 수없이 많은 원형으로 구성되어 있으며 직접적으로 의식화되지는 않지만 인류 역사의 산물인 신화, 민속, 예술 등이 지니고 있는 영원한 주제의 현시를 통해 간접적으로 관찰될 수 있다.

정신에너지의 원리

융은 전체적 성격을 정신이라고 불렀으며, 정신에너지인 리비도를 통해 지각하고, 생각하고 느끼고 소망하는 심리적 활동이 수행된다고 보았다. 융에게 리비도는 전반적인 '인생과정의 에너지'로 프로이트의 성적 충동은 그러한 에너지의 한 측면이었다. 융이 제안했던 '정신에너지'가 가능한 세 가지 원리는 대립, 등가, 균형이다.

대립원리: 신체 에너지 내에 반대되는 정신의 힘이 대립 혹은 양극성으로 존재하여 갈등을 야기하며 이러한 갈등이 정신에너지를 생성하는 데 필요하다고 생각하였다. 정신에너지는 성격 내에 있는 힘들 간 갈등의 결과로 '갈등이 없으면 에너지가 없으며 인생도 없다'라고 본다. 따라서 양극성들 간에 갈등이 커질수록 에너지는 더 많이 생성된다.

등가원리: 융은 물리학의 열역학의 열역학 법칙인 에너지 보존원리를 정신적 기능에 적용하여 등가원리를 가정하였다. 등가원리

는 어떤 조건을 생성하는데 사용된 에너지는 상실되지 않고 성격의 다른 부분으로 전환되어 성격 내에서 에너지의 계속되는 재분배가 이루어진다는 것이다. 우리가 깨어있는 동안에 의식 활동을 위해 사용하는 정신에너지는 잠자는 동안에는 꿈으로 전환된다. 에너지가 어떤 방향이나 방식으로 이동하든지 등가원리는 그러한 에너지가 계속 성격 내에서 재분배된다는 것을 제안한다.

균형원리: 물리학에서 균형 원리는 에너지 차이의 평형을 의미한다. 예를 들면 뜨거운 대상과 차가운 대상이 접촉하면 열은 같은 온도로 평형상태가 될 때까지 뜨거운 대상에서 차가운 대상으로 이동한다. 융은 이러한 열 역학원리를 정신에너지에 적용하여 성격 내에 균형 혹은 평형성이 있다는 균형 원리를 제안하였다.

원형

원형은 인간이 갖는 보편적, 집단적, 선험적인 심상들로 융의 분석심리학에서 성격의 주요한 구성요소다. 신, 악마, 부모, 대모, 현자, 사기꾼, 영웅, 지도자 등 사람들이 삶을 영위하면서 형성해 온 많은 원초적 이미지가 원형이다. 융은 그중 몇 개의 원형은 우리들의 인격을 형성하는데 중요한 것으로서 페르소나, 아니마와 아니무스, 그림자, 자기를 주장하였다.

페르소나: 환경의 요구에 조화를 이루려고 하는 적응의 원형이다. 페르소나는 가면을 뜻하는 희랍어로 개인이 사회적 요구들에 대한 반응으로서 밖으로 내놓는 공적 얼굴이다. 우리는 페르소나를 통해 다른 사람과 관계하면서 좋은 인상을 주거나 자신을 은폐시킨다. 겉으로 나타난 페르소나와 내면의 자기가 너무 불일치하면 표리부동한 이중적인 성격으로 사회적 적응에 곤란을 겪게 된다.

아니마와 아니무스: 융은 인간이 태어날 때부터 양성을 갖고 태어났다는 양성론을 주장하였다. 이러한 이론적 입장을 반영한 개념이 아니마와 아니무스인데 남성의 내부에 있는 여성상을 아니마라고 하고 여성 내부에 있는 남성상을 아니무스라고 한다. 남성상의 속성은 이성이고 여성상의 속성은 사랑이다. 성숙한 인간이 되기 위해서는 남자는 잠재해 있는 여성성, 즉 사랑을 이해하고 개발해야 하며 여성은 내부에 있는 남성성, 즉 이성을 이해하고 개발하는 것이 필요하다.

그림자: 그림자는 인간의 어둡거나 추악한 면을 나타내는 원형이다. 즉 인류역사를 통해 의식에서 억압되어 어두운 무의식에 있는 자료 및 인간의 원초적 욕망에 기여하는 원형이며 사회가 나쁘다고 하는 측면이 있기는 하지만 또한 생명력, 자발성, 창조성의 원천이 되기도 한다. 빛이 없이 그림자를 상정할 수 없다. 사회에서 부정되거나 부도덕하고 악하다고 생각되는 것은 그림자 원형과 관련되어 있으며 상담 및 심리치료에서 가장 장애가 되는 원형이다. 상담자는 인간의 이러한 부정적인 측면을 내담자가 조절할 수 있도록 돕는 게 필요하다.

자기: 자기는 모든 의식과 무의식의 주인이다. 융은 인간이 실현하기 위해 타고난 청사진을 자기로 보았다. 다양한 문화에서 발달 된 상징이 이 원형에서 나타나며 자기는 정신의 중심인 의식과 무의식의 양극성 사이의 평형점이다. 융의 이론에 따르면 자기는 다른 정신 체계가 충분히 발달할 때까지 나타나지 않다가 인생의 가장 결정적인 중년의 시기에 나타난다. 개인의 자기실현은 자신에 대한 정확한 지각과 미래의 계획 및 목표를 수반한다.

상담목표

내담자로 하여금 무의식적으로 작동하는 정신 원리를 의식하고 개성화 과정을 촉진하는 것이다. 분석심리학의 상담 과정은 고백, 명료화, 교육, 변형의 네 단계로 구분된다. 융이 개인을 이해하고 조력하는데 사용한 주요한 방법은 꿈 분석, 상징의 사용, 단어연상검사, 증상분석, 사례사이다. 또한 융은 개인의 성격 태도와 기능을 바탕으로 한 심리유형을 분류하였다. 이러한 융의 이론을 기초로 하여 만들어진 표준화된 성격검사로 현재 광범위하게 적용되는 성격유형 검사가 MBTI이다.

분석심리학에 대한 비판

스위스의 정신의학자 융의 업적은 현재에도 높이 평가되고 있고 그 이론을 분석심리학이라 부른다. 아들러는 심리 과정에 있어서 무의식의 중요성과 그 영역성을 뚜렷이 축소하는 데 반하여 융은 무의식을 보다 중시하였고, 그 영역을 확대하였다. 융은 인간의 형성과 인간의 개별화는 집합무의식에서 나온 심적 에네르기가 주체적인 인간을 향하느냐 객체적인 외계를 향하느냐에 따라서 내향성이나 외향성이냐를 결정한다. 융의 성격학이 모든 인간 이해에 도움이 될 뿐 아니라, 기독교인 자신의 인격 이해에도 도움을 준다. 융의 집합무의식의 문제는 죄의 문제에 대한 이해와 해석에 기여하는 바가 크다. '원죄'에 관한 문제에도 심리적인 해명을 하였다. 융의 원형 속에서 제일 많이 보이는 것은 신이다. 융은 성인의 인격에 대한 문제의 대부분이 종교적인 적응을 적절히 할 수 없는 데서 생긴 것으로 믿고 있다.

융도 원시적 자아인 본능(Id)이 우리 인간 속에서 종교적인 것으로 남아 있어서 '나(Ego)'가 신앙을 나타내고 있는 것이 아니라 본능(Id)이 자기를 신에게로 밀어 가는 데 불과하다고 주장하였다. 융은 30년간 신경증 환자를 치료한 결과를 가지고 다음과 같은 말을 하였다. "35세 이상의 나의 모든 환자 가운데서 그들의 중대한 문제가 종교적 태도에 대한 문제가 아닌 사람이 한 사람도 없었다. 실제 종교가 신앙인들에게 주어야 할 것을 주지 못했기 때문에 병이 들었다는 것이다. 종교적 신앙을 도로 찾는 것 외에는 그들 중에 누구도 건강을 찾을 수 없다는 것이다."

4) 프랭클의 실존심리학

실존심리학(Existential Psychology)은 비인의 정신의학자 프랭클(Victor E. Frankl)이 제2차 대전 후에 개척한 학설이다. 인간존재의 기초로서 책임성과 윤리성에 착안하면서 인생의 의미와 가치를 분석하는 데서부터 실존분석 또는 실존심리학이라고 부르게 되었으며 이 치료관념으로서 결실한 것이 로고테라피(Logotherapy)이다. 프랭클은 아들러의 '힘의 의지'와 프로이트의 '쾌락에의 의지'에 대해 '의미에의 의지'로 대치시키고 정신분석과 개인심리학을 발전적으로 지양하고 쉘러에 연결되는 실존철학의 조류로부터 큰 영향을 받아 이것을 자기의 사상적 기반으로 삼았다. 그는 실존철학에 영향을 받고 '강제수용소에서 한 심리학자의 체험'이라는 책에서 밝힌 바와 같이 나치의 강제수용소에서의 비참한 생활에서 얻은 그의 인간관이 현재 그의 정신의학에 대한 사고의 근거를 만들었다. 또 인간관에 있어서 생물학주의, 심리학주의, 사회학주의 등의 일원론적 견해를 배제하고 스스로의 차원적 존재론을 구축하였다.

로고테라피

프랭클의 로고테라피와 실존분석은 동의어이며 두 이론의 측면이다. 실존분석은 그의 이론의 근거가 되는 인간학적인 면을 보여주며, 로고테라피는 그의 심리요법의 실제적 이론과 방법을 보여주고 있다고 말할 수 있다. 논리에 의해서 환자를 설득하려는 것이 아니고 역설적 방법으로 합리성과 이론을 존중하면서 이성과 지성에 호소하지 않는다.

로고테라피의 치료방법: 로고테라피는 인간을 '전인', '통합체'로 보고 환자의 신체, 심리, 정신의 어느 것에도 치료가 적절해야 한다. 여러 가지 존재론적인 단면을 들추어서 그 바탕 위에 치료하는 것이 필요하다. 이 요법은 정신성이라는 인간 특유의 능력에 의하여 자기를 초월할 것을 요구하여 환자와 병을 '분리' 시키고자 한다. 신경증의 경우 환자는 병에 눌려 있다고 생각하는데 환자가 저항함으로써 상태를 변혁시키려는 심리요법이다. 이 방법은 어느 정도 지시적인데 지시적이란 환자가 적극적으로 협조한다는 것이다. 환자의 인격 속의 건강한 부분이 병든 부분에 대항하여 건강한 부분을 강화시키는 것이다. 치료자는 수용적이며 낙관적이며 적극적인 사고방식의 능력을 발전시켜 주어야 한다. 도덕적, 윤리적 설교는 하지 말아야 하며 환자의 현재 모습을 인정해 준다.

프랭크는 유럽의 정신의학계에서 정신안정제를 최초로 사용한 사람이다. 기대 불안에서 야기되는 신경증에 대하여 로고테라피는 '역설적 지향'과 '반성제법'의 두 가지 치료방법을 사용하고 있다. 프 랭클은 '심리정신적 길항작용' 혹은 '정신의 반발력'이라고 하는 힘 을 통하여 심리신체적인 평면을 초월해서 존재코자 하는 인간의 능 력을 치료의 기본으로 삼은 것이다. 역설적 지향은 객관적으로 참된 의미의 '정신요법'이라 할 수 있다. 환자는 자기의 징후를 객관 시 하 고 '비웃음'과 '유머'로 징후의 악순환을 타파하고 이겨 나갈 수 있게 한다. 반성제거는 그것을 통하여 징후를 무시하는 것이 된다. 징후로 부터의 도피가 아니고 자기 속에 '존재'를 신뢰하는 신념을 회복시키 는 것이다. (cf.김제술, 『목회 상담의 이론과 실제』, 61-66)

로고테라피와 종교

프랭클은 "실존분석의 대상은 인식되지 않는 신앙이며, 로고테 라피의 대상은 의식이 된 불신앙"이라고 말하였다. 심리요법은 "정신을 치료하는 것"을 목적으로 삼고, 목사는 "영혼을 구원"하 는 일에 힘쓰고 있다. 치료자는 목사와 협력할 필요가 있다. 프랭 클은 "의사는 자기의 세계관을 환자에게 강조해서는 아니 된다"고 하였다. 또한 종교적인 면을 중시하는 치료자가 다른 종교를 믿는 환자를 접하였을 때에는 특별히 주의를 기울여 그들을 완전히 '수 용'할 수 있어야 하며 종교에 있어서 공평, 중립을 유지할 수 있어 야 한다고 주장하였다.

로고테라피는 인격의 차원을 충분히 인식시키는 것만이 아니라 의학적 정신 지도를 통하여 사람을 완전한 인간으로 향하게 하는 총괄적 치료법이라고 말할 수 있다. (실존심리요법)

5) 퍼얼스의 게슈탈트 심리학

게슈탈트(Gestalt) 치료는 독일 출생의 유대계 정신과 의사 프릿츠 퍼얼스(Frits Perls)에 의해 창안된 심리치료이다. 그는 베를린에서 태어나서 그곳에서 성장했으며, 28세에 의학박사 학위를 받았다. 7년간 정신분석 수련을 받았고 빌헤름 분트의 실험 심리학에서 만족을 얻지 못한 상황에서 1926년 프랑크푸르트에서 당시 유명했던 신경정신의학자 쿠르트 골드슈타인을 만나서, 전체로서 통합된 유기체 이론을 접하고 깊은 감명을 받았다. 1942년 프로이트의 공격본능 이론을 비판하는 새로운 이론을 개발하여 『자아, 배고픔, 공격』이라는 책을 펴냈다. 이것으로 그는 프로이트 학파와 완전히 결별하였다.

프릿츠는 1950에는 '알아차림'에 관한 이론을 정립하는 한편 "게슈탈트 치료"라는 단어를 만들었다. 게슈탈트 치료는 카린 호나이의 정신분석 치료이론을 위시하여 골드슈타인의 유기체 이론, 빌헬름 라히이의 신체이론, 레윈의 장이론, 베르트하이머 등의 게슈탈트 심리학, 모레노의 싸이코 드라마, 라인하르트의 연극과 예술 철학, 하이데거와 마르틴 부버, 폴 틸리히 등의 실존철학, 그리고 동양사상, 특히 도가와 선사상 등의 광범위한 영향을 받아 탄생했다.

게슈탈트 치료는 정신분석을 포함한 요소주의 심리학에 반대하여 게슈탈트 심리학의 영향 하에 과정적이고 종합적 심리학 운동으로 나타났으므로 개체를 여러 개의 심리적인 요소로 분석하는 대신에 전체 장의 관점에서 통합적으로 이해하려고 하였다.

그 적용 범위를 사고, 감정, 욕구, 신체감각, 행동 등 모든 유기체 영역으로 확장 시켰다. 게슈탈트 치료는 게슈탈트 심리학의 이론 중에서 특히 다음의 관점들을 치료이론에 도입하였다.

a) 개체는 장을 전경과 배경으로 구조화하여 지각한다. 즉 관심을 끄는 부분을 전경으로 하고, 나머지 부분을 배경으로 지각한다.

b) 개체는 장을 능동적으로 조직하여 의미 있는 전체로, 곧 게슈탈트를 형성하여 지각한다.

c) 개체는 자신의 현재 욕구를 바탕으로 게슈탈트를 형성하여 지각한다.

d) 개체는 미해결된 상황을 완결 지으려는 경향을 지니고 있다.

e) 개체의 행동은 개체가 처한 상황의 전체 맥락을 통하여 이해된다.

주요 개념

a) 게슈탈트

게슈탈트라는 말은 '전체', '형태', '모습' 등을 가진 독일어이다. 게슈탈트 심리학자들에 의하면 개체는 어떤 자극에 노출되면 그것들을 하나하나의 부분으로 보지 않고 (a) 완결, (b) 근접성, (c) 유사성의 원리에 근거하여 자극을 의미 있는 전체 혹은 형태 즉, '게슈탈트'로 만들어 지각하는 경향이 있다. 개체가 게슈탈트를 형성하는 이유는 우리의 욕구나 감정을 하나의 의미 있는 행동으로 만들어서 실행하고 완결 짓기 위함이며, 이들을 환경과의 접촉으로 해소하기 위함이다.

b) 전경과 배경

대상을 인식할 때 우리는 우리에게 관심 있는 부분은 지각에 중심 부분에 떠올리지만, 나머지는 배경으로 보낸다. 개체가 전경으로 떠올렸던 게슈탈트를 해소하고 나면 그것은 전경에서 사라져서 배경으로 물러나고, 다시 게슈탈트가 형성되어 전경으로 떠오르고, 해소되고 나면 다시 배경으로 물러나는 과정을 되풀이한다. 이러한 순환과정을 "게슈탈트의 형성과 해소" 혹은 "전경과 배경의 교체"라고 부른다. 건강한 개체는 자연스러운 전경과 배경의 교체가 이루어진다.

c) 미해결 과제

게슈탈트가 해소하고 나면 자연스럽게 그다음으로 관심이 가는 대상을 전경으로 떠올릴 수 있다. 이와 같은 전경과 배경의 교체는 유기체 욕구와 환경적 여건에 따라 자연스럽게 이루어지나 개체가 게슈탈트 형성을 하지 못했거나 혹은 게슈탈트를 형성하긴 했으나, 게슈탈트의 해소를 방해받을 때 그것이 배경으로 사라지지 못하고 전경으로 떠오르지도 못하므로 중간층에 남아 있게 된다. 개체는 게슈탈트를 완결 지으려는 강한 동기를 가지고 있는데, 완결되지 않은 게슈탈트가 계속 전경으로 떠오르려 하기 때문이다. 이러한 완결되지 않은 게슈탈트를 "미해결 게슈탈트" 혹은 "미해결 과제"라고 한다.

이와 같은 미해결 과제는 전경과 배경의 자연스러운 교체를 방해하기 때문에 개체의 적응에 장애가 된다. 미해결 과제가 많아질수록 자신의 유기체 욕구를 효과적으로 해소하는 데 실패하게 되고 마침내 심리적, 신체적 갈등을 일으킨다. 우리는 수많은 미해결 과제를 안고 살아감으로써 생기 있는 삶을 살지 못한다. 게슈탈트 심리치료는 미해결 과제를 완결 짓는 일을 매우 주요한 목표로 생각한다.

미해결 과제를 해결하는 방법은 '지금 여기'를 알아차리는 것이다. 퍼얼스는 미해결 과제를 찾기 위해서 프로이트처럼 무의식의 창고 깊숙이 박혀있는 과거사를 파헤칠 필요가 없다고 말한다. 미해결 과제는 전경으로 떠오르기 위하여 끊임없이 노력하고 있기 때문에 항상 지금 여기에 그 모습을 드러내고 있으며, 개체는 그것을 회피하지 않고 알아차리기만 하면 된다는 것이다.

알아차림-접촉주기

퍼얼스는 우리의 유기체적 삶은 끊임없는 "게슈탈트 형성과 해소의 반복순환"이라고 했다. 전경과 배경의 교체에서는 알아차림과 접촉이 매우 중요하다. 찡커는 알아차림-접촉주기를 아래의 그림에서와 같이 여섯 단계로 나누어 설명했다.

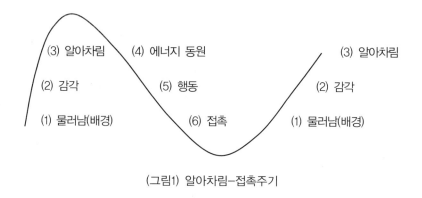

(그림1) 알아차림-접촉주기

　먼저 (1) 배경에서-〉 (2) 어떤 유기체 욕구나 감정이 신체감각의 형태로 나타나고-〉 (3) 이를 개체가 알아차려 게슈탈트로 형성하여 전경으로 떠올리고-〉 (4) 이를 해소하기 위해 에너지(흥분)를 동원하여-〉 (5)행동으로 옮기고-〉 (6) 마침내 환경과의 접촉을 통해 게슈탈트는 배경으로 물러나 사라지고 개체는 휴식을 취한다. 그리고 잠시 후 다시 새로운 욕구나 감정이 배경으로부터 떠오르면 이를 알아차려 게슈탈트를 형성하고 해소하는 새로운 알아차림-접촉 주기가 되풀이된다. 건강한 개체는 환경과의 교류를 통하여 알아차림-접촉주기를 자연스럽게 반복하면서 성장해 간다. 그러나 알아차림-접촉주기가 원활하지 못하면 미해결 과제가 쌓이면서 심리적 장애를 일으킨다.

◇ 알아차림-접촉 주기는 위에서 기술한 여섯 단계의 어느 곳에서나 단절될 수 있다.

◎ 배경으로부터 감각이 나타나는 과정의 장애

배경으로부터 욕구나 감정이 신체감각의 형태로 느껴지는데 이것이 차단되어 신체감각 자체가 느껴지지 않을 수 있다. 예컨대 신체의 고통이나 불편한 상태 등이 무시되어 느껴지지 않는다거나 혹은 외부환경에서 일어나고 있는 사건들이 지각되지 않는 현상이다.(cf. 김정규. 『게슈탈트 심리치료』, 학지사, 2010), 11-31, 83-96)

◎ 감각과 알아차림 사이의 장애

신체감각에 대한 자각은 이루어지지만 이를 환경과의 유기적인 관련 속에서 조직화함으로써 하나의 의미 있는 유기체 욕구나 감정으로 알아차리지는 못하는 현상이 발생할 수 있다.

이러한 장애가 생기면 개체는 어떤 신체감각을 지각하지만, 그것을 잘못 해석하는 일이 발생한다. 예컨대 불안한 상황에서 호흡이 거칠어지고 심장이 빨리 뛰는 것을 불안반응으로 느끼지 못하고, 심장마비로 잘못 해석한다든가 분노를 억누르고 있다가 팔이 아픈 것을 육체적 반응으로만 자각하다가 치료를 통해 분노의 실체를 알게 되고, 분노의 대상도 알아차리게 되는 경우도 있다. 개체가 자신의 욕구를 오랫동안 억압함으로써, 자신의 기본적인 욕구와 감정을 표현하거나 해소하는 것을 금지당하게 되고, 이로써 자신의 신체감각을 유기체 욕구나 감각으로 지각할 수 없게 된다.

◎ 알아차림과 에너지 동원 사이의 장애

이 단계의 장애는 게슈탈트 형성에는 성공했지만 이를 해소하기 위한 에너지 동원 혹은 '흥분'에는 실패한 경우이다. 이러한 현상은 지식인이나 강박장애 환자에게서 흔히 볼 수 있으며, 이는 머리로는 이해하지만, 에너지 동원이 잘되지 않아서 행동으로 옮기지 못하는 경우이다. 이러한 장애는 내담자가 자신의 분노감, 성적 감정, 부드러움, 사랑의 감정, 자기주장 혹은 자신감 등 자신의 생생한 유기체 에너지와 접촉하는 것에 대한 두려움과 밀접한 관계가 있다. 자신의 감정을 표현하면 무슨 일이 벌어지지 않을까 하는 불합리한 공포의 원인은 부모로부터의 내사 때문이다. 부모나 교사의 견해를 무비판적으로 따라 행동했기 때문에 자신의 에너지에 대한 신뢰감이 없다. 신체적인 활동이나 감정표현 등을 통해 자신의 에너지를 사용하는 연습을 시켜주어야 한다.

◎ 에너지 동원과 행동 사이의 장애

어떤 사람들은 에너지 동원에는 성공하지만, 게슈탈트를 완결시키는 방향으로 사용하지 못한다. 동원된 에너지를 외부환경을 향한 행동으로 옮기지 못하고 차단해버린다. 내담자는 자신의 분노감을 자각하고 에너지를 동원하지만, 이 에너지를 분노의 대상에게 표출하지 못하고 자기 자신에게로 돌려 자신을 비난하고 질책하는 행동으로 바꾸어 버린다. 이 에너지를 효과적인 행동으로 연결하지 못하면 개체는 게슈탈트의 완결 대신에 긴장과 죄책감을 느끼게 되고 이런 행동이 만성화되면 긴장 에너지로 말미암아 만성긴장, 고혈압, 동맥경화, 성기능 장애, 당뇨병, 암 등의 장애를 일으킬 수 있다.

◎ 행동과 접촉 사이의 장애

어떤 내담자들은 에너지를 동원하여 행동으로 옮기지만 접촉에 실패함으로써 게슈탈트를 완결하지 못한다. 이런 현상은 내담자의 행동이 목표 대상을 잘 겨냥하지 못하고 산만하게 일어남으로써 발생한다. 즉 에너지를 효과적으로 쓰지 못하고 여기저기 흩어버리기 때문에 자신이 원하는 결과를 얻지 못한다. 임상적으로는 히스테리 환자의 행동이 여기에 속한다.

◎ 접촉과 물러남 사이의 장애

정상적인 경우에는 개체는 접촉이 끝나면 자연스럽게 만족해서 뒤로 물러나 쉬게 된다. 그리고 다시 새로운 알아차림−접촉주기의 리듬이 시작된다. 어떤 사람들은 만족하지 못하고, 물러나 쉴 줄을 모르고 정상에 머무르려고 한다.

자연스럽게 기능하는 유기체는 긴장과 이완, 일과 휴식, 깨어있음과 잠 듬, 기쁨과 슬픔, 타인에게 다가감과 물러나 혼자 있음, 수용과 배척 등의 리듬 속에서 산다. 리듬 있는 삶이란 때로는 혼돈과 당황, 부끄러운 실패까지도 포함하는 생동적이고 다양한 변화의 과정을 받아들이는 삶이다. 자신의 성과에 대해서 부족하더라도 그대로 받아들이고 객관적으로 바라볼 수 있어야 한다. 그 후에야 물러나서 쉴 수 있으며 다음 게슈탈트를 선명하게 전경으로 떠올릴 수 있게 된다.

게슈탈트 심리치료의 목표

◎ 체험확장

찡커는 '게슈탈트 치료목표의 하나는 개체가 환경과의 만남에서 자신의 감정, 욕구, 상상물, 신체감각과 환경에 대한 지각을 넓히고 접촉하며 타인에게 상처를 주지 않으면서 자연스럽게 표현하여 자신의 욕구를 충족시키는 것을 배우는데 있다.'라고 했다.

내담자는 더는 자신의 욕구와 감정을 억압하고 피하지 않으며 체험확장의 과정을 통하여 모험과 도전을 배우며 불안과 공포를 극복하고 삶의 영역을 자연스럽게 넓혀갈 수 있게 된다. 삶의 체험은 기쁨과 즐거움만 있는 것이 아니라 슬픔과 고통도 있다는 것을 체험하고 두려움 없이 받아드림으로써 삶이 가치 있고 풍요롭게 되는 것을 알게 된다.

◎ 통합

심리장애상태에 있는 개체는 자신의 전체를 통합적으로 자각하지 못하고 일부분만 자신의 그것으로 인정함으로써, 인격의 여러 부분들을 자신으로부터 소외시켜 이들과 접촉하지 못 하게 한다.

게슈탈트 심리치료는 자기에게 속하지 않는 부분들은 밖으로 추방하고 외부로 투사했거나 자신의 내부에 격리되어 자신의 것으로 자각되지 못한 에너지를 자신의 것으로 자각하고 또 분할되고 소외된 유기체 에너지들을 다시 찾아서 자각하고 통합함으로써, 개체가 유기적으로 기능할 수 있도록 도와준다.

◎ 자립

내담자 자신에게는 필요한 자원과 능력이 부족하다고 생각하기 때문에 지지를 받기 위해서 타인에게 의존하거나 조종하려고 한다. 치료에서는 이러한 내담자의 시도를 좌절시킴으로써 내담자로 하여금 자신의 에너지를 동원하여 주체적으로 행동하고, 자기 지지를 배우도록 도와준다.

치료자는 그들이 쓰고 있는 가면을 지적해 주고, 역할 연기가 나타날 때마다 이를 직면시켜주어야 하며 그들이 두려워하는 것은 현실이 아니고 자신의 불합리한 공상에 불과하다는 것을 깨닫게 해주어야 한다.

퍼얼스는 좌절을 통해서만 진정한 성장이 가능하다고 하였다. 막다른 골목에 내던져짐으로써 자신의 내적 자원을 동원할 수밖에 없고, 실제로 부딪쳐 봄으로써 자신 안에 자신에게 필요한 모든 자원이 있다는 것을 깨닫게 된다. 그들은 자기 스스로 일어설 수 있음을 알기 때문에 더는 주위 환경에 휘둘리지 않고, 독립적이며 자신감 있는 삶을 살 수 있다.

◎ 책임자각

퍼얼스는 건강한 개체의 특징 중의 하나로 책임 자각을 들었는데 여기서 책임은 도덕적인 책임만을 뜻하는 것이 아니고, 곧 주위에서 벌어지고 있는 사건들을 잘 알아차리고 그에 대해 능동적으로 반응할 수 있는 능력을 갖춰야 한다고 하였다. 치료는 어떠한 경우에도 타인에게 의존하거나 타인을 원망함으로 자신의 책임을 회피하지 말고 자신의 행동을 스스로 선택하고 책임질 수 있도록 도와주는 것이다.

◎ 성장

게슈탈트 치료는 내담자의 증상을 제거하기보다는 성장에 더욱
관심을 기울인다. 개체의 본질은 끊임없이 외부환경과 접촉하면서
새로운 것을 받아들이고 이를 자신에게 맞도록 소화시키고 동화시
킴으로써 스스로 새로운 모습으로 변화하고 성장하는 것이다.

골드슈타인과 매슬로우는 인간의 여러 가지 욕구 중에서 성장
욕구를 가장 기본적인 욕구로 보았다. 골드슈타인은 '자기실현욕
구' 개념을 처음으로 제안했는데 그는 개체는 자신의 모든 존재 영
역에서 자신의 잠재력을 최대한 꽃피우고 성장시키려는 경향성이
있다고 하였다. 또한 매슬로우는 '상위욕구'라는 개념을 소개하였
는데 이것도 성장욕구의 한 유형이라고 볼 수 있으며 자체 목적 욕
구를 뜻한다.

게슈탈트 치료에서는 내부에 씹지 않고 삼켜진 이물질들을 다시
꺼내서 되새김질함으로써, 즉 다시 파괴함으로써 이들을 동화시킬
수 있고 그 결과 성장할 수 있다고 믿는다. 그러나 이러한 성장에
대한 시도는 개체에 심한 불안감을 줄 수도 있다. 이제까지 피하고
억압했던 욕구들을 직면하고, 편견과 내사들을 파괴해야 하며 불
안을 방어해주던 합리적 계획들을 포기하고 미지의 세계를 향해
나아가는 모험을 의미하기 때문이다.

치료자는 내담자의 이러한 공포를 이해해주고 조심스럽게 다루
어야 하며 내담자에게 자신감과 희망을 불러일으켜 새롭게 도전하
도록 격려해 주어야 한다.

◎ 실존적 삶

우리는 본성의 상당 부분이 타인이 우리에게 갖는 기대역할(상식적)과 맞지 않는다고 생각하여 내쫓아버림으로써 인격에 공백이 생긴다. 그러나 우리는 그 공백을 역할연기로 때우면서 '가공의 인생'을 살아간다. 우리는 그것이 자신의 진정한 모습인 것처럼 착각하며 산다. 그리고 우리의 내면에 자아 이상을 만들어 놓고 타인의 기대에 따라 완벽하게 살려고 노력하지만, 그것은 사실상 실현 불가능하며 오히려 본성을 짓밟고 억압하게 되며 '내사'된 도덕적 명령들은 개체의 존재를 부정하고 삶을 파괴하는 요소가 된다.

바이써(1970)는 게슈탈트 치료의 목표는 내담자가 스스로 자기 자신을 되찾도록 격려하고 도와주는 것이라고 했다. 자기 자신을 찾는다는 것은 실존적인 삶을 산다는 것이며 이러한 삶은 항상 '있음'에 초점을 맞추므로 긍정적인 시각을 키우고 삶과 현실에 적극적이고 참여적인 태도를 갖게 한다.

3장

기독교 심리학과
일반 심리학의 통합

3장
기독교 심리학과 일반 심리학의 통합

기독교 심리학자, 기독교 상담학자, 기독교 심리치료자들은 기독교 상담을 확립하기 위해서 많은 노력을 기울여 왔다. 초기에는 과학과 종교는 분리된 채 존재해 왔다. 상담하는 많은 임상 전문가들은 이 둘이 따로 존재할 수 없음을 충분히 인식하게 되었다. 기독교 상담은 과학과 종교를 모두 필요로 하는 응용 분야이다. 기독교 상담학자들은 어떻게, 또 무엇을 통합할 것인가에 대해서 서로 다른 의견들을 보이고 있다. 시간이 지날수록 통합의 내용, 방식, 주제 등이 더욱더 다양해지는 양상을 보이고 있다. 1953년에 프린츠 쿤켈이 통합이라는 단어를 처음 사용하였다.

1) 통합의 역사

로저 허딩(Roger F. Hurding)의 역사
허딩은 기독교 상담의 역사를 시간적 순서에 따라 동화의 역사, 반동의 역사, 대화의 역사로 보았다.

동화의 역사: 미국 태생의 안톤 보이슨은 임상목회 훈련의 창시자로서 목회 돌봄의 영역에 심리치료의 방법과 이론을 도입한 사람이다. 그는 자신이 경험했던 정신적 장애로 인해서 심리치료방법인 정신분석을 선호하고 도입하였던 최초의 사람이었다. 영국 태생인 레슬리 웨더헤드는 교회에 심리학적 방법을 도입하기를 주장하였다. 실제로 의사들과 긴밀하게 협조하여 성도들에게 도움을 주었다. 이들은 자유주의 신학자들이며 목회상담의 주요인물인 캐롤 와이즈와 시워드 힐트너는 모두 보이슨의 제자였다. 영국에서는 웨더 헤드의 영향을 받은 빌 카일이 웨스트민스터 목회재단을 설립하였다. 심리학과 기독교의 통합은 곧 수용의 역사였다.

반동의 역사: 호바트 모우러, 폴 비츠, 윌리엄 킬패트릭 이 주요하며 모우러는 인간의 원죄를 프로이트가 무의식적 충동으로 대치하였다고 비판하였다. 모우러는 아담스, 비츠, 킬패트릭에게 영향을 주었고 아담스는 모우러의 반 심리학적 경향을 권면 상담으로 발전 시켰다. 비츠는 그의 저서『종교로서 심리학: 자신을 예배하는 우상』에서 기독교는 하나님에 대한 사랑과 타인에 대한 봉사를 강조하고 있기 때문에 인본주의 심리학이 밝히는 자기 도취에 대해서 강하게 비판하게 되었다. 킬 패트릭은 심리학에 담긴 철학적 가정은 주관주의, 환원주의, 자연주의가 기독교에 영향을 주어 기독교 주관주의, 기독교 환원주의, 기독교 자연주의를 낳았다고 주장하면서 기독교의 정통성 회복을 주장하였다.

대화의 역사: 말콤 지브스, 게리 콜린스, 토마스 오덴은 심리학과 기독교 간의 논쟁이 한쪽 극단으로 흐르는 것을 견지하면서 양쪽의 대화를 시도한 학자들이다. 지브스는 심리학과 기독교는 독

자적 영역과 철학을 가지고 있으므로 서로 간에 존중이 필요하다. 콜린스는 심리학의 철학적 전제를 살펴보고 기독교 입장에서 다시 재정립해야 한다고 주장한다. 그는 심리학이 경험주의, 환원주의, 자연주의를 가지고 있다고 보고 기독교 심리학은 확장된 경험주의, 결정론과 자유의지, 성경적 절대주의, 기독교 초자연주의, 성경적 인류학이라는 입장에서 만들어져야 한다고 주장한다. 오덴은 후기 근대주의 기독교 정통성을 주장하였다. 기존의 목회상담이 자유주의 신학에 이끌려서 심리학을 무비판적으로 받아들이고 있다고 한다. 그리고 심리학의 시대에 기독교 정통성을 세우기 위해서는 기독교와 심리학 사이에 많은 대화가 필요하다고 역설하고 있다.

로저 버포드(Roger Bufford)의 역사

1920년대 이후 미국에서는 자유주의 신학과 보수주의 신학자들이 나누어졌다. 자유주의 신학자들은 과학과 심리학의 노선을 지지하였고 보수주의 신학자들은 과학과 심리학에서 등을 돌렸다. 이전에도 부르스 내래모어, 폴 투르니에와 같은 학자들이 통합에 대해서 언급하고 있었으나 1970년 아담스의 『상담의 적절성』이 출판된 이후 25년 동안 미국 사회에서 통합에 관한 관심이 급증하였으며 현재는 다양화의 길로 가고 있다. 하나는 기독교와 임상심리 또는 상담심리와의 관계를 이론적이고 개념적으로 연관시키려는 노력이며 다른 하나는 기독교상담 접근방법의 발달이다. 이러한 노력들은 통합이라는 이름으로 많은 학자들에게 알려졌으며 시간이 지남에 따라 다양한 주제들이 포착되었다.

즉 기독교 반 심리학적 노력, 성경적 상담, 평신도 상담, 목회 상담과 심리학, 선교사 심리학, 기독교 구념을 위한 심리적 측정, 기독교 결혼과 가족, 교육 및 상담, 기독교 회복운동, 기독교인을 위한 전문 심리치료와 상담, 기독교 가치에 의한 전문 상담치료나 상담이다.

헨드리카 반드 켐프(Hendrika Vande Kemp)의 역사

반드 켐프는 통합의 역사가 분리주의 또는 분리주의자들에 대해서 반응하는 형식으로 발달하고 있다고 본다. 심리학은 19세기 중반에 철학과 신학으로부터 독립하려고 하는 경향에 대한 반응으로 통합하려는 노력이 발생하여 왔다.

기독교 상담의 역사에서 심리학과 신학의 통합은 두 가지 면에서 특별한 위치를 차지하고 있다고 주장한다. 하나는 통합이 후기 근대주의 학자들의 '다 학문적 접근'이라는 사실이다. 다른 하나는 통합을 위하여 헌신하는 전문 학자들의 사회나 관심 집단들이 형성되었다는 점이다. 그녀는 통합의 역사를 다음과 같이 정리하고 있다. 즉 이름의 정착, 전문사회의 형성, 학위과정과 교수진의 출현, 학술지의 확립, 실험실의 출현, 문헌과 교과서의 출현, 실제의 진화다.

2) 기독교 심리의 모델

기원 및 주요 인물

로버트 로버츠(R. C. Roberts): 위치타 주립대학에서 학사와 석사를, 예일대학에서 학사와 박사학위를 받았다. 그는 여러 해 동안 휫튼 대학에서 철학과 심리학을 가르쳤고, 현재는 베일러 대학에서 도덕 심리학, 키일케고르 심리학, 감정의 신학, 인식론 등에 관심을 가지고 연구하고 있다. 기독교와 심리학의 통합에 대한 책과 논문을 많이 썼다.

스티븐 에번스(C.S.Evans): 휫튼 대학에서 학사를, 1974년에 예일 대학에서 박사학위를 받았다. 그는 캘빈 대학에서 가르쳤고 현재 베일러 대학에서 철학을 강의하고 있다. 그는 예수와 키에케고르에 관한 역사적 이해와 믿음의 실존주의에 대해서 많은 논문과 책들을 썼다.

폴 비츠(Paul C. Vits): 1957년 미시간 대학에서 심리학과 예술로 학사학위, 1962년 스탠퍼드 대학에서 실험심리학과 동기를 연구해서 박사학위를 받았다. 그의 주된 관심사는 종교, 특히 기독교가 어떻게 심리학과 연관되는지의 문제다. 그는 성격 이론, 도덕 심리학, 심리학과 예술 등과 같은 분야에 관심을 보이며 그는 다수의 책과 100편이 넘는 논문과 수필이 있다. 주요 저서로는 『종교로서 심리학: 자신을 숭배하는 우상』, 『Sigmund Freud의 기독교 무의식』 등이 있다.

로런스 크랩(Lawrence J. Crass): 얼 시너스 대학에서 심리학

석사와 일리노이 대학에서 임상심리학으로 석사와 박사학위를 받았다. 크랩의 부전공은 언어치료와 과학철학이었다. 크랩은 일리노이 대학과 플로리다 애틀란틱 대학에서 심리학과 교수를 하면서 심리 상담센터의 소장을 역임했다.

이상의 학자들은 기독교 심리학을 정립하는 데 많은 노력을 하였고 그들은 각각 윤리학, 철학, 심리학이라는 다른 배경을 가지고 있어도 모두 심리학과 기독교를 통합하려는 노력을 기울이고 있다. 또한 기독교 공동체가 가지고 있는 역사성을 통해서 심리학과 기독교를 통합하려고 한다. 특히 로버츠와 에번스는 키르케고르의 철학을 통해서 기독교 심리학을 정립하고 있다. 그는 키에르고르를 불안, 절망, 죄, 자기기만을 연구하는 발달심리학자로 규정하고 있다. 두 학자는 기독교 상담학의 모델을 제시하는 데서 역사적 입장을 취하고 기독교 역사가 기독교 상담학의 내용을 제공하는 데 있다고 생각한다. 클랩과 비츠는 모두 심리학자로서 심리학에서 기본적 요소를 뽑아오고 성경의 내용과 연결을 해서 기독교 심리학을 정립하기를 원한다. (cf. 김용태, 『기독교 상담학』, 215-220, 249-252)

성경의 권위

클랩은 심리학이 성경의 권위 아래로 들어와야 한다고 생각하며 복음주의적 통합을 위해서는 몇 가지 점들을 분명히 해야 한다고 주장한다.

1) 심리학은 성경의 권위에 들어와야 한다. 성경의 내용이 진리이기 때문에 심리학의 내용을 성경의 내용으로 걸러내야 한다.

2) 성경은 정확 무오한 하나님의 특별 계시이다. 복음주의 신학은 성경이 정확 무오한 하나님의 계시임을 말하고 있어서 심리학과 기독교의 통합은 성경에 대한 이 전제에 근거하고 있다.

3) 성경은 기능적 조절 역할을 하게 된다. 성경의 생각이 비성경적 생각보다 우위에 있다는 교리이며, 그것은 교리에 끝나지 않고 실제 생활에서 일관성 있게 지속적으로 적용된다는 의미이다.

4) 심리학자들이 기능적 조절을 충분히 하기 위해서는 성경을 연구하고 성경 전체의 내용과 구조를 파악해야 한다. 성경적 교리들을 이해하고 체험적 성령의 은사를 통하여 실제로 적용할 수 있는 실천적 지식들이 필요하다.

주요병리 현상

인간의 병리 현상은 기본적으로 죄로 인해서 발생된다고 본다.

죄론

아담과 이브는 선악과를 따먹고 이로써 에덴동산에서 경험하였던 평화, 기쁨, 즐거움, 아름다움 등을 파괴하였고, 불안, 초조, 두려움, 수치심, 분노, 시기, 질투 등을 경험하였다. 이러한 감정들은 아담의 자손인 카인에 의해서 살인으로 진전된다. 하나님과 분리를 통해서 발생된 병리 현상은 점점 더 깊어지고 흉포화되는 경향을 보이게 된다. 이제 인류는 끊임없는 불안, 공포, 의심, 고통, 반사회적 행동 등 수많은 병리 현상을 경험하게 된다. 성경에서는 인간이 경험하는 많은 병리 현상을 하나로 죄라고 하며, 아담에게서 모든 인간에게 온 죄임으로 원죄라 한다. 모든 인간은 원죄 때문에 자범죄를 짓게 된다.

예수님은 인간이 죄인이기 때문에 죄 된 행동을 한다고 말씀하셨다. 죄는 인간의 여러 영역에서 발견된다. 행동적 영역, 동기적 영역, 감정적 영역 등에서 죄 성을 나타낸다. 즉 인간의 내적 성향은 모두 타락하였다.

하나님을 거부하고 자신이 주인이 되려고 하는 사단의 동기를 가지기 때문에 자기중심적 병리성을 경험한다. 자기중심성으로 인해서 인간은 불안, 초조, 두려움, 불순종, 시기, 질투, 비교의식, 감사하지 않음 등과 같은 병리성을 경험하게 된다. 다른 사람들을 무시하거나 교만함을 보이고 불평을 하는 등의 행동적 현상들은 동기의 잘못 때문이다. 분노를 보이고 미움, 죄책감들을 느끼는 것은 감정적 영역이며, 무시하고 말을 듣지 않고 자신의 말 만하며 다른 사람들을 때리고 죽이기까지 하는 병리 현상을 인간은 경험한다.

죄의 영역

영적 영역: 하나님께 불순종하고 자신을 주인으로 삼음으로 영적 문제가 생긴다. 자기가 모든 것을 결정하고 스스로 책임지는 것이다. 자기도취적 인간은 교만, 자기중심성, 불안, 초조, 두려움, 수치심 같은 영적 문제가 일어난다. 성경에서는 하나님께 순종하고 하나님을 주인으로 모시면 성령이 임하여서 마음속에 평화가 있고, 겸손, 믿음, 순종, 사랑 등과 같은 내적 상태를 경험하게 된다.

관계적 문제: 다른 사람들과 분리된 인간은 질투, 시기, 열등감, 수치심, 자기중심성, 분노 등과 같은 많은 문제를 경험한다. 하나님은 인간의 절대가치를 주요하게 여기시고, 한 생명을 천하보다

귀하게 여기시며, 인간들이 서로 돕고 사랑하며 살기를 원하신다. 용서하고, 수용하고, 인정하고 정의를 행하며. 공정하게 대우하고 진지하게 관계를 유지하기를 바라신다.

생태학적 문제: 하나님은 인간에게 청지기 역할을 부여하시고, 자연과 조화롭게 살도록 창조 하셨다. 인간이 죄를 지음으로 자연과 분리되어 인간은 생태학적 문제를 만들어 자연이 파괴되고, 자연재해가 심각하여져서 인류의 생존에 심각한 위험이 다가오고 있다. 자연재해에 대한 불안, 두려움, 초조함, 공포 등은 인류가 초래한 생태학적 문제들이다.

심리적 문제: 인간은 하나님과 분리됨으로서 자신과 분리되었다. 자신의 마음으로부터 자신이 분리됨으로 자신에 대한 불안과 불신을 초래하였다. 자신으로부터의 소외는 동기, 감정, 생각, 행동들에서 서로 모순을 초래한다. 자신을 조절할 수 있는 기능을 잃고, 자신의 감정을 무시하거나 책망하게 된다. 이리하여 자기 스스로 모순과 죄책감, 자책감들을 가지고 살아가게 된다. 이러한 성향은 우울, 죄책감, 수치심, 자신에 대한 비난, 슬픔, 열등감 등 수많은 심리적 문제를 만들어 낸다. 하나님을 믿고 순종하며 자신이 귀한 존재라는 것을 인정하고 자신을 수용하면 평안이 오고, 하나님 앞에 모순과 잘못을 회개하면 용서받고, 성령 받아 긍정적이고 능력 있는 사람으로 살아갈 수 있다.

3) 기독교 상담적 인간 이해

하나님의 형상으로 창조된 인간

하나님께서 세상을 창조하실 때 인간을 하나님의 형상대로 창조하셨다. 하나님이 인간의 원형이시고 인간은 하나님의 반영이라는 뜻이다. 하나님의 형상은 인간이 삼중적 관계 속에서 이해되어야 한다. 첫째 인간이라는 의미는 그 방향성이 하나님께로 향하여 있다는 것을 의미하는 것이며, 인간은 그의 존재가 전적으로 하나님께 예속한 피조물이며, 하나님에 대해 우선적 책임이 있는 피조물이다. 둘째 인간이 남자와 여자로 창조된 것은 인간이 홀로 완전하지 못한 존재이기 때문에 다른 사람들과의 교제가 필요하다는 뜻이다. 셋째 인간은 하나님께 만물을 통치할 권리(창 1 : 27-28)를 받았다. 즉 인간은 자연에 대해서 통치권과 지배권을 가졌다는 것이다. 인간은 가정과 사회와 자연 속에서 하나님의 '문화 명령'을 인식하고 하나님의 뜻이 이루어지도록 노력하는 자로 서야 하며, 인간은 선택의 자유와 그에 따른 책임을 갖는 '인격체'라는 것을 인식하고, 소명이라는 목적을 향하여 나아갈 수 있는 능력을 갖게 되는 것이다. (cf. 심수명, 『인격치료』, 학지사, 2006), 25-33)

> "하나님이 자기형상 곧 하나님의 형상대로 사람을 창조하시되 곧 남자와 여자를 창조하시고 하나님이 그들에게 복을 주시며 그들에게 이르시되 생육하고 번성하여 땅에 충만하라, 땅을 정복하라, 바다의 고기와 공중의 새와 땅에 움직이는 모든 생물을 다스리라 하시니라."(창 1:27-28)

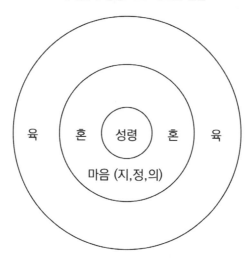

하나님의 형상으로 지으신 인간

(그림2) 영과 혼과 육으로 만드신 사람

전인적인 인간

성경의 인간론은 영과 혼과 육의 하나님의 형상대로 지음 받은 인간이 불순종하고, 범죄 하여 타락함으로 하나님을 떠났다. 타락하여 에덴동산에서 땅으로 쫓겨난 조상 아담으로부터 인간은 원죄를 물려받게 되었고, 원죄로 말미암아 자범죄를 지면서 살게 되었다.

하나님께서는 구약에는 성막과 양의 제사로서 죄를 씻는 방법을 주셨고, 신약에서는 성육신 하신 예수 그리스도 십자가의 보혈을 믿음으로, 성령을 받고 자범죄를 회개하고 중생(거듭남)하면, 세상에서 하나님께로 돌아서서 기쁨으로 주의 일에 힘쓰게 된다.

그러나 옛사람의 자아가 완전히 깨어져 죽지 아니하면, 마음속에 들어 있던 원죄의 쓴 뿌리로 인하여 원하지 않는 죄를 다시 짓고 괴로워하게 된다.

"내가 원하는 바 선은 하지 아니하고 도리어 원치 아니 하는바 악은 행
하는도다 만일 내가 원치 아니하는 그것을 하면 이를 행하는 자가 내
가 아니요 내 속에 거하는 죄니라."(롬 7:19-20)

타락한 인간

하나님의 형상대로 지음 받은 인간이 하나님이 명령하신 "선악
을 알게 하는 나무의 실과는 먹지 말라. 먹는 날에는 정녕 죽으리
라"(창 2:17)는 말씀에 불순종하여 인간은 그 실과를 먹었고, 그
결과 그들은 에덴동산에서 추방되었으며, 다시 돌아오지 못하도록
그룹들과 두루 도는 화염검이 에덴을 지키게 되었다(창 3:23-
24). 이렇게 타락함으로 말미암아 아담과 그의 후손은 처음부터
원죄를 가지게 되었으며(엡 2:1-3), 거기서부터 모든 범죄가 나타
나 부패하고 썩어진 본성을 가지고 고통 속에 살게 되었다. 인간은
아담과 하와의 타락으로 인하여 하나님과의 연합된 관계가 깨어지
고, 하나님으로부터 분리되었다.

이렇게 인간에게는 본질상 부패한 악의 구조, 즉 "타락한 구조"
가 있다. 죄는 끔찍한 결과들을 가져왔다. 타락한 아담은 첫째 '하
나님을 두려워하여'(핵심 감정), 둘째 '벗었으므로'(핵심 행동), 셋
째, '하나님으로부터 숨었다'(핵심 방어수단). 이때 아담의 핵심 감
정은 죄로 인한 하나님의 심판과 처벌에 대한 두려움이며 배척의
고통을 동반하는 것으로 이 두려움을 덮고 피하고자 인간은 나름
대로의 방어층을 형성한다.

하나님으로부터 분리된 인간은 아담의 원죄로 말미암아 성령은
떠나고 그 영, 혼, 육은 사단의 지배를 받게 되었다. 그러므로 그
의 혼은 아담의 원죄를 가지고 태어나서 이 세상에서 죄악 가운데
신음하며 살다가 결국 죽게 된 것이다.

"선악을 알게 하는 나무의 실과는 먹지 말라. 네가 먹는 날에는 정녕 죽으리라 하시니라."(창 2:17)

자연인(원죄가 있는 인간)

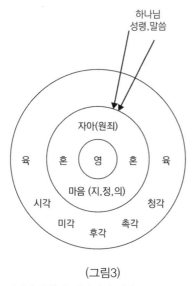

하나님
성령,말씀

자아(원죄)

육 혼 영 혼 육

마음 (지,정,의)

시각 청각

미각 촉각

후각

(그림3)

* 하나님을 알지 못한다.
* 세상에 속한 사람.
* 하나님을 믿지 않는다.
* 하나님과 원수가 된다
  (롬 8:7).
* 마음(혼)에 두려움, 열등감,
  분노, 시기, 질투, 미움, 불
  평, 원망, 용서하지 않음, 비
  난, 원수 갚는 것 등 원죄가
  있다.
* 율법으로 정죄와 죄책감이
  있다.
* 평안이 없다.
* 자기가 주인이다.
* 회개하지 않는다.

* 마귀의 유혹에 개방되어 있다.
* 마귀의 공격에 대항할 수 있는 힘이 없다.
* 하나님께 정죄 받는다.

"여호와 하나님이 에덴동산에서 그 사람을 내어 보내어 그의 근본 된 토지를 갈게 하시니라 이같이 하나님이 그 사람을 쫓아내시고 에덴동산 동편에 그룹들과 두루 도는 화염검을 두어 생명나무의 길을 지키게 하시니라."(창 3:23-24)

"너희의 허물과 죄로 죽었던 너희를 살리셨도다 그 때에 너희가 그 가운데서 행하여 이 세상 풍속을 쫓고 공중의 권세 잡은 자를 따랐으니 곧 지금 불순종의 아들들 가운데서 역사하는 영이라 전에는 우리도 다 그 가운데서 우리 육체의 욕심을 따라 지내며 육체와 마음의 원하는 것을 하여 다른 이들과 같이 본질상 진노의 자녀이었더니."(엡 2:1-3)

그러나 인간은 본능적으로 이러한 상태가 부자연스러운 상태임을 알고 있으며 나름대로 이 방어층을 해결하기 위해 진실한 만남을 열망하게 된다. 그래서 자신을 내어 주지만 소유욕과 집착으로 인해 실망하며 관계가 파괴되어 오히려 심각한 상처를 받게 된다. 또한 돈, 명예, 권력, 지위로 자신을 포장하기도 하고 농담, 교만, 거만한 태도, 남을 속이는 눈물, 위장된 회개와 겸손, 침묵, 각종 중독증에 빠지기도 한다. 이 외에도 억압, 합리화, 투사, 승화, 반동 형성, 대치, 부정과 퇴행 등의 방어기제로 위장하기도 한다. 이렇게 타락한 인간도 여전히 '하나님의 형상'이라고 불린다. 하나님에 대한 지식과 의와 거룩함(골 3:5-10)을 상실했어도 도덕적이고 이성적인 측면의 하나님 형상은 여전히 남아있기 때문이다.

"그러므로 땅에 있는 지체를 죽이라 곧 음란과 부정과 사욕과 악한 정욕과 탐심이니 탐심은 우상숭배니라 이것들을 인하여 하나님의 진노가 임하느니라 너희도 전에 그 가운데 살 때에는 그 가운데서 행하였으나 이제는 너희가 이 모든 것을 벗어버리라 곧 분과 악의와 훼방과 너희 입의 부끄러운 말이라 너희가 서로 거짓말을 말라 옛사람과 그 행위를 벗어 버리고 새 사람을 입었으니 이는 자기를 창조하신 자의 형상을 좇아 지식에까지 새롭게 하심을 받는 자니라."(골 3:5-10)

그렇다면 하나님 형상으로 회복할 수 있는 방향은 무엇인가? 하나님의 성령의 강권하심으로 성령의 세례로 중생하여 자범죄를 회개하고, 두 번째 말씀과 성령으로 원죄를 가진 옛사람의 자아가 완전히 깨어져서 진정으로 회개하면 원죄까지 깨끗해짐으로 성결한 그리스도인이 되어 은혜로 성화하는 과정에서 그리스도 닮은 그리스도인으로, 예수 그리스도를 보내시어 나를 구원하신 하나님을 사랑하고 다른 사람들을 사랑하며 살 수 있게 된다.

"그러므로 우리가 믿음으로 의롭다 함을 얻었은즉 우리 주 예수 그리스도로 말미암아 하나님으로 더불어 화평을 누리자."(롬 5:1)

"우리 주 예수 그리스도로 말미암아 하나님께 감사하리로다 내 자신이 마음으로는 하나님의 법을 육신으로는 죄의 법을 섬기노라 그러므로 이제 그리스도 예수 안에 있는 자들에게는 결코 정죄함이 없나니 이는 그리스도 예수 안에 있는 생명의 성령의 법이 죄와 사망의 법에서 너를 해방하였음이라 율법이 육신으로 말미암아 연약하여 할 수 없는 그것을 하나님은 하시나니 곧 죄를 인하여 자기 아들을 죄 있는 육신의 모양으로 보내어 육신에 죄를 정하사 육신을 좇지 않고 영을 좇아 행하는 우리에게 율법의 요구를 이루어지게 하려 하심이니라."(롬 7:25, 8:1-4)

원죄로 인하여 죄의 저주와 사단의 공격으로 말미암아 피폐된 인간이 그리스도의 보혈을 믿고, 진정한 회개를 통하여 말씀과 성령으로(두 번의 은혜-성령세례와 성령충만) 자아가 완전히 깨어져서 원죄가 깨끗하게 씻어진 성결한 그리스도인(의도의 순수성, 감정의 순결성-요한 웨슬리)이 되면, 하나님의 뜻을 따라 살 수 있는 힘을 얻으며, 하나님의 형상을 닮아가는 전인적 인간이 될 수 있다.

"너희를 부르신 거룩한 자처럼 너희도 모든 행실에 거룩한 자가 되라 기록하였으되 내가 거룩하니 너희도 거룩할 지어다. 외모로 보시지 않고 각 사람의 행위대로 판단하시는 자를 너희가 아버지라 부른즉 너희의 나그네로 있을 때를 두려움으로 지내라."(벧전 1:15-17)

"너희는 유혹의 욕심을 따라 썩어져 가는 구습을 좇는 옛사람을 벗어버리고 오직 심령으로 새롭게 되어 하나님을 따라 의와 진리의 거룩함으로 지으심을 받은 새사람을 입으라."(엡 4:22-24)

성결한 그리스도인도 연약함과 실수와 무지와 옛 습관으로 인해서 넘어질 때도 있다. 그러나 그것은 원죄에서 온 것이 아니므로 (요한 웨슬리) 나의 연약함을 하나님께 회개하고 성령 안에서 말씀으로 살아가면, 거룩한 하나님의 사람으로 살아갈 수 있다.

"만일 우리가 우리 죄를 자백하면 저는 미쁘시고 의로우사 우리 죄를 사하시며 모든 불의에서 우리를 깨끗하게 하실 것이요."(요일 1:9).

(표1) 기독교적 인간관

	단계	타락한 구조	거룩한 구조
삶의 결과	5	안전감의 파괴	열매 맺는 생활
욕망	4	성공할 거야(교만)	순종할 거야(겸손)
자아상	3	부정적(자기혐오)	긍정적(자기사랑->타인사랑)
대인관계	2	자기중심	타인중심
사람에 대한 의존	1	지나치게 의존(집착)	사랑함으로 자유함
하나님의 선하심	토대	의심함(두려움, 분노)	신뢰함(평강, 예배)

인격적인 문제를 가지고 있는 인간

아담은 죄로 인해 에덴동산에서 쫓겨나서 하나님으로부터 버림받았을 때 엄청난 마음의 충격과 상처를 입게 되었다. 버림받은 인간은 두려움, 열등감, 불안과 불신의 상처를 입는다. 인간의 내면에는 우리가 느끼지 못하는 원죄가 있듯이, 깨어진 마음이 있다. 죄의 결과 인간은 절망, 고독, 죄책, 회의와 무의미, 자살, 죽음 등을 겪게 되었다. 아담의 피를 받은 우리 인간의 마음에 원죄와 함께 깨어진 마음도 유전된 것이다. 인격의 자리인 마음이 상처를 받아 인격에 손상이 오면 열등감과 죄의식 때문에 누구도 믿지 못하고 받아들이지 못한다. 상처를 건드리면 원망과 분노가 올라오며, 버림받을 것에 대한 두려움 때문에 관계를 맺고 싶어도 맺지 못한다.

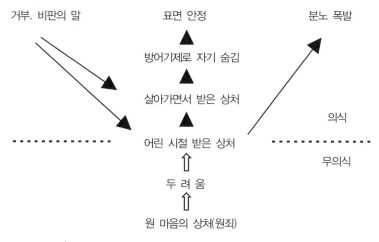

(그림4) 인격적인 문제를 가진 인간 마음의 작동 구조

그림에서 보이듯이 상처에 대해 사람들은 두 가지 반응을 보인다. 마음의 상처는 무의식 가장 밑바닥에 자리 잡고 있다.

이 상처는 억압되어 평상시에는 잘 나타나지 않다가 거부나 비판 등의 사건이 무의식의 깊은 상처를 자극하게 되면 현재 사건에 대한 적절한 분노보다 훨씬 더 큰 분노로 폭발하게 한다. 다음으로는 거부와 비판 사건이 무의식의 상처 부위를 자극하면 방어기제로 억압하기 때문에 표면적으로는 안정된 상태로 나타난다.

현재의 상처는 원 마음의 상처와 어린 시절 받은 상처, 자존심이 건드려지면 그 상처 위에 합해져서 '상처 난 부위'로 남아 있다가 비난이나 거절, 무시를 당할 때 되살아나면서 마음에 또다시 상처를 받게 되는 것이다. 이 해결 되지 않은 상처는 자극을 받으면 순간적으로 되살아나면서 현재의 아픔 속에서 옛날의 고통을 체험하게 된다. 마치 지금 일어난 일처럼 생생하게 자신을 지배하여 분노로 표현하게 되는 것이다.

4) 기독교인의 가짜 믿음의 형성과 유지과정

가짜 믿음의 정의

오늘날 가장 우려되고 만연된 잘못된 믿음을 가지고 진정한 복음에 귀를 기울이려고 하지 아니함으로 하나님이 원하시는 신자의 삶을 살지 못하고 가짜 믿음 가운데 자기도 속고 남도 속이며 하나님께는 아무 열매를 드리지 못한다.

"다른 복음은 없나니 다만 어떤 사람들이 너희를 교란하여 그리스도의 복음을 변하게 하려 함이라."(갈 1:7)

가짜 믿음의 증상

사람들이 가짜 믿음을 형성하고 유지하는 과정은 성경을 잘 모름, 성경의 하나님이 아닌 자기 생각 속의 하나님을 믿는 잘못된 믿음(마귀가 이용), 자기기만, 강력한 편견, 지적 자만심, 실례들의 환영적 관계와 통제 등 여러 가지 개념이 있다.

첫째, 사람들은 자기에 대해서도 잘 모르고 자기가 알고 있는 정도 안에서 사건을 자각하고 다른 사람들을 판단한다. 성경을 해석하는데도 자기 믿음이 옳은지, 그것이 성경에 근거한 것인지 알아보려 하지 않는다. 자신들이 무엇을 믿고 있는지 알지 못하고 잘못된 믿음을 유지하고 있다.

둘째, 잘못된 믿음은 곧 자각, 해석, 기억을 왜곡시킨다. 이러한 경향을 '다 아는 현상'이라고 한다. 믿음은 성령으로 말미암아 인간에게 주시는 하나님의 은사이다. 은사로 받은 살아있는 믿음이 아닌 '다 아는 현상'으로서(인간 지식의 한계)의 믿음의 눈으로 판단한다.

셋째, '다 아는 현상'은 판단과 추론에 영향을 미친다. 사람들은 자신들이 알고 있다고 믿기 때문에 자신의 판단과 정보가 정확하다고 주장하며 자기의 믿음에 부합된 현상이나 정보는 빠르게 인식하고 일반적 원리나 결론에서 예를 찾는 것은 어려워한다. 어떤 경우는 너무 쉽게 일반적 원리나 결론을 적용하고 그 사고를 바꾸지 않는다.

넷째, 기독교인이 가짜 믿음을 갖고 있는 것은 먼저 성경 말씀을 제멋대로 생각하며 그 말씀에 깊은 자각(깨어짐)이 없기 때문이다.

많은 사람들은 죄 때문에 자기 모습을 보는 것을 두려워한다.

마귀는 인간의 그 마음을 사랑하고 눈과 귀를 먹게 하여 가짜 믿음을 유지하게 한다. 마귀는 시간마다 "네가 맞아, 인간이 어떻게 그렇게 살 수 있니?"라고 속삭인다. 옳은 말은 전혀 들으려고 하지도 않고 '그 말은 틀렸어, 그 사람은 틀렸어, 나는 그 사람의 말을 절대로 안 들어 하나님은 나를 사랑하셔'라고 외치게 한다. 마귀는 그의 자아(마음)에 자리를 잡고 위선적이고 거짓된 그리스도인으로 살게 한다. 지옥에 가는 것이 두려워서 하나님을 떠나려고는 하지 않는다.

그러나 하나님께서는 죄를 싫어하시며 거짓을 싫어하신다. 거짓은 원죄의 속성이며 거짓은 그리스도인의 양심의 눈을 가리고 하나님의 음성을 듣지 못하게 하여 위선적인 그리스도인으로 만드는 가장 피해야 할 죄이다.

"여호와께서 이같이 말씀하시되 지혜로운 자는 그 지혜를 자랑치 말라 용사는 그 용맹을 자랑치 말라 부자는 그 부함을 자랑치 말라 자랑하는 자는 이것으로 자랑할지니 곧 명철하여 나를 아는 것과 나 여호와는 인애와 공평과 정직을 땅에 행하는 자인 줄 깨닫는 것이라 나는 이 일을 기뻐하노라 여호와의 말이니라."(렘 9:23-24)

"그러나 두려워하는 자들과 믿지 아니하는 자들과 흉악한 자들과 살인자들과 행음자들과 술객들과 우상숭배자들과 모든 거짓말하는 자들은 불과 유황으로 타는 못에 참여하리니 이것이 둘째 사망이라."(계 21:8)

다섯째, 진리를 바로 알고 믿는 성령의 사람들을 싫어한다. 자기가 믿는 하나님과 다른 하나님을 믿는다고 생각하여 성령의 사람들을 심하게 비난한다.

여섯째, 성경 말씀을 가까이하려 하지 않는다. 더 잘 알려고 연구하려 하지도 않는다.

가짜 믿음의 치료

가짜 믿음으로는 결코 천국에 들어갈 수 없다.

가) 자기 속에 있는 악을 발견하고 혼돈 속에서 벗어나도록 기도하라.

나) 다른 사람의 잘못(티)을 판단 정죄하지 말고 자기 모습(죄-들보)이 드러나는 것을 두려워하지 말라.

다) 자기의 죄를 보는 것을 두려워하지 말고 하나님이 원하시는 진정한 믿음, 곧 회개하고 그 아들 예수 그리스도를 믿음으로 말미암아 죄 씻음 받지 아니하면, 반드시 장차 자기에게 닥칠 영원한 불지옥을 두려워하라.

라) 성경 말씀으로 돌아가서 자기 모습을 비추어 보라. 성령의 빛으로 말씀에 쪼개어지면 자기 내면의 추한 모습을 보게 된다.

마) 진정으로 회개하면 거룩하신 성령이 내주하시어서 진정한 하나님의 자녀가 되고, 주의 나라를 땅에 건설하는 일에 일꾼이 되어 복음의 증거자가 된다.

바) 참 평강과 기쁨과 감사가 넘치는 진짜 믿음의 사람이 된다. "누구든지 그리스도 안에 있으면 새로운 피조물이라 이전 것은 지나갔으니 보라 새것이 되었도다."(고후 5:17)

4장

기독교 상담과 인지치료

4장
기독교 상담과 인지치료

1) 기독교 상담과 인지치료의 통합

성경 곳곳에는 어려움을 겪고 있는 사람들을 성령께서 도와주고 이끌었던 이야기들로 가득 차 있음을 발견하게 된다. 구약에서는 오실 메시아에 대해 훌륭한 상담자로 묘사하였으며(사 9:6) 신약의 경우 제자들은 전도뿐만 아니라 사람들의 영적, 심리적 필요를 해결해 주도록 부르심을 받았음을 알 수 있다(마 10:7-8). 또한 초대 교회의 교회 지도자들은 치유를 위한 목회 상담을 충실히 수행해 왔다. 성경을 바탕으로 한 기독교 상담은 다음과 같은 다섯 가지 특성이 있다.

첫째, 나약한 자아 때문에 고통당하는 내담자를 상담하는 과정 속에 성령이 임재하여 내담자가 강한 자아를 형성하도록 돕는다. 기대보다 더 풍성하게 치유하시는 하나님을 의뢰한다.

둘째, 내담자의 건강한 인격을 위해 상담하지만 예수님을 만남으로써 하나님 중심의 삶을 회복하도록 한다.

셋째, 영성을 중심으로 한 전인 건강을 추구한다. 통합된 전인 건강에는 자기 자신을 사랑하는 것, 타인을 사랑하는 것, 자기의 일과 놀이를 사랑하는 것, 지구를 사랑하는 것, 성령을 사랑하는 것이 포함되어야 한다. 기독교 상담은 인간의 문제가 몸, 마음, 자연, 사회 가정 등이 관계됨으로 전인적으로 치유하기 위하여 하나님과의 관계, 하나님과의 만남으로 나아가도록 돕는 상담 과정인 것이다.

넷째, 인간이 가지고 있는 본성의 영향력을 인정하고 성경에서는 인간의 죄악 된 감정과 행동이 근본적으로 죄의 본성과 관련되어 있다고 보고 있다. 바울은 롬 12:1-2에서 인간이 예수 그리스도로 말미암아 마음을 새롭게 함으로 변화를 받아 새 삶을 살아야 한다고 했다.

다섯째, 1) 인간을 치료하기 위해서는 사랑이 필요하다(아가페). 2) 인간의 삶에는 필연적으로 고통이 따라온다. 인간은 누구나 근원적 죄와 선천적인 약점에 눌려 지내며 어린 시절의 감정적 충격으로 고통을 당하고, 또 늘 방해와 피해, 실망 등으로 고통을 당할 수밖에 없는 것이 인간의 실존이다. 3) 인간은 '동일시' 과정을 통해 성장한다. 4) 인생에서 만나는 장애를 극복하려고 시도하는 과정에서 '적응'이 필요하다. 이 과정에서는 각 단계별 발달의 과정을 잘 소화해야 하는 과제가 있다.

인지치료는 인지적이고 행동적인 변화를 염두에 둔, 적극적이고 직접적이며, 교육적, 구조적, 문제지향적인 치료이다. 내담자가 부정적 사고라는 도식에 갇혀서 자신을 부정적으로 바라보고 부정적으로 사고하는 습관을 바꿔줌으로써 내담자가 합리적이고 논리적으로 사고하며, 행동할 수 있도록 방향을 전환해 준다.

신학과 심리학의 통합

(표2) 신학과 심리학의 차이

전제	신학	심리학
세계관	신본주의: 하나님이 주관하신다.	자연주의: 인간이 세계의 주인이다.
결정론	어떤 행동은 결정되기도 하나, 하나님과 인간이 행동의 변화를 자유롭게 관여할 수도 있다.	모든 행동은 자연법칙에 따라 결정된다.
인간의 본성	하나님이 인간을 변화시킬 수 있는 길을 마련해 주셨으나 인간은 나면서 죄인이다.	인간은 기본적으로 선하며 향상될 수 있다.
윤리	상황에 따라 어떤 도덕적 선택은 상대적일 수 있으나, 하나님께서 주신 선악의 기준은 절대적이다.	모든 도의적 선택은 상대적이다. 선악은 개인 및 문화의 상황에 좌우된다. 절대적 기준은 없다.
권위	성경에 계시된 신적인 계시만이 으뜸이며, 과학적 발견과 방법은 이차적 중요성을 지닌다.	과학적 방법과 발견만이 으뜸이다.

신학과 심리학의 통합을 위한 움직임은 1920년대 후반에 발전한 목회 심리학과 기독교 상담학이다. 기독교 심리학자 투르니에는 과학적인 심리학을 부정하지 않으면서 초월적인 차원을 향하여 열린 심리학을 제시하였다. 결국 하나님의 창조와 섭리 안에서는 모든 것이 조화와 통일이 이루어지며 이 양자를 통합하는 것이 하나님이시다.

심리학과 기독교는 분열이 아니라 온전한 진리의 발견을 위해 서로가 필요한 것이다. 그림 3은 이 둘의 통합의 가능성을 보여 주고 있다. (cf. 심수명, 『인격치료』, 44-49)

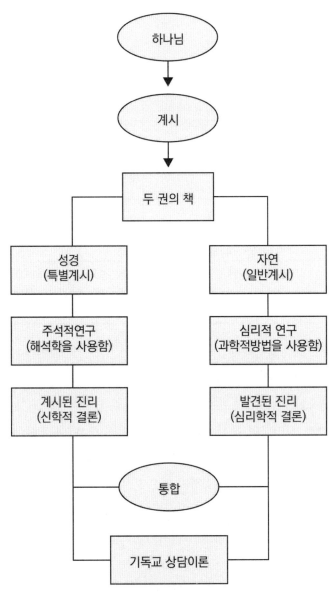

(그림5) 기독교와 심리학의 통합

기독교 상담과 인지치료의 비교

기독교 상담과제는 내담자의 비합리적인 자기 이해, 비논리적인 세계관, 미래에 대한 역기능적인 견해를 수정할 뿐 아니라 하나님을 인정하고 성령의 인도를 따라 하나님의 사랑 안에 거하도록 인도하는 것이다.

(표3) 기독교 상담과 인지치료 비교

	기독교 상담	인지치료
기준	하나님의 절대적인 기준과 뜻에 따르며 상담자 개인의 가치나 기준에 합리성의 근거를 두지 않는다.	합리적 신념의 근거와 기준이 분명하지 않아서 상담자의 판단이 중요하며 그것이 옳은지 그른지의 본질적인 문제를 안고 있다.
욕구	신자는 하나님이 나에게 필요한 모든 것을 주셨다는 풍성한 시각과 나그네 의식, 청지기 사상을 가지고 삶 속에서 진정한 감사의 삶을 살려고 노력한다.	자신의 필요를 채우기 위해 무엇이 있어야 한다는 욕구 신념이 있으나 인간의 잘못된 이기적인 욕구에 대해 아무런 한계를 지어주지 않는다.
초점	영성 중심의 사고의 변화를 강조하면서도 내담자의 감정, 사고, 행동의 전인적 변화에 초점을 둔다.	내담자의 생각이 초점이 되며 사고의 변화를 통해 감정의 변화를 이루게 한다. 내담자가 변화를 거부하거나 갈등이 있을 때는 효과가 일어나지 않는다.

이렇게 인지치료 기법과 기독교 상담을 결합할 때 훌륭한 치료적 분위기를 제공해줄 수 있다. 즉 인지치료가 내담자에게 치료 절차에 대한 이론적 근거를 제시하고 자기 각성을 독려하여 좀 더 유연하고 생산적으로 사고하는 방법을 제시하여 효과적인 치료를 기대할 수 있다.

2) 인격장애의 치료

인격의 정의

기독교 심리학자 투르니에는 인간에게는 '가면적 인격'과 '인격' 이 있다고 가정하였다. 전자는 인격 중 세상에 보여 주는 부분으로 자신의 진면목은 감추고 주위 사람들에게 좋은 모습을 보여 주려 는 보호 가면이다. 후자는 가면적 인격 뒤에 숨어 있는 진실된 모 습이라고 하였다. 내면적 인격이 가면적 인격을 통하여 부분적으 로 나타난다. 가면적 인격을 성격이라고 부른다. 시간이 흘러도 비 교적 일관성 있게 지속되는 태도나 행동의 특징을 인격이라 한다.

인격장애의 정의

어떤 사람의 행동이 파괴적이고 위협적이며 환경에 잘 적응하지 못하거나 비정상적이라고 판단될 그를 '성격장애'가 있다고 한다. 인격장애는 어렸을 때부터 조금씩 형성되어 생긴 것이다. 이러한 증상은 청소년기나 성인기 초기에 시작되며 배려나 이해심, 감사 의 마음이 없다. (cf. 심수명, 『인격치료』, 53-62)

인격장애의 원인

생물학적 요인(유전적, 체질요인)

A집단(편집성, 분열성, 분열형) 인격장애 중에서 분열형 인격장 애 환자의 가족 중에 정신분열증이 많고 B집단(히스테리성, 자기 애적, 반사회적, 경계선형)의 가족 중에는 반사회적 인격장애와 알

코올 중독이 많고 경계선 인격장애의 가족 중에는 기분장애(우울증)가 많다. 또한 히스테리성 인격장애는 신체화 장애에 관련이 높다. C집단(강박성, 의존성, 회피성)중 강박성향은 우울과 관련이 있으며, 회피성 인격장애자는 불안 성향이 높다. 어릴 때의 기질도 성인의 인격장애와 관련이 있는데, 예를 들어 어려서 공포심이 많았던 아이는 회피성 인격을 가질 수 있고 어려서 경미한 신경증적 증후가 있었던 아이는 반사회적 및 경계선 인격장애가 되기 쉽다.

환경 요인(사회 문화적 요인)

인격장애는 역기능적 가족관계에서 많이 나타나는 경향이 있다. 어린이의 기질과 부모의 양육 방식이 조화되지 않으면 문제가 생기기 쉽다. 불안정한 엄마가 키우면 안정된 엄마가 키우는 것보다 더 많은 문제가 생긴다. 부부 갈등이 심하고 자녀 교육 방식이 변덕스러울 때, 자녀들이 인격장애를 일으키는 경우가 더 많고 공격성이 장려되는 문화에서는 편집성 및 반사회적 인격장애가 나타나기 쉽다. 유전적 측면, 신경체계의 역할, 인지 행동적, 정서적, 생애 발달적, 사회 문화적 영향과 사회 경제적 위치 등 모든 측면을 고려해야 한다.

발달적 요인

인간은 생후 3년간의 초기 발달단계에서 심리적으로 '자기'라는 체계를 구성하게 되며 자기란 현실에서 삶을 경험하는 전체로서의 개인을 의미하며, 신체적, 심리적인 조직화도 포함한다. 이러한 자기 체계가 인생 초기에 어떻게 형성되느냐에 따라 이후의 안정감,

자기가치감, 자기신뢰감 등에 큰 영향을 준다. 이 시기의 발달상의 문제가 있으면 자기 체계상의 문제가 생겨서 성인이 되어서도 세상에 대해 객관적이며 합리적이며 현실적인 자세를 유지하기가 어렵고 너무 쉽게 마음의 상처를 받는다.

신체적 요인

임신이나 산욕기에 일어나는 정신장애의 약 50%는 정신분열증이며, 25%는 조울증이고, 20%는 정신신경증적 반응을 나타낸다.

신경생화학적인 원인

중추신경계, 말초신경계를 이루는 단위를 신경원이라 한다. 신경의 신호를 전달하는 데 결정적인 역할을 하는 화학물질을 신경전달물질이라 한다. 신경전달물질은 50여 종이 알려졌지만, 정신병리와 관련된 주요 신경전달물질은 노르에피네피린, 세로토닌과 도파민 등이 있다. 이런 물질의 과다 혹은 결핍이 정신병리를 일으킨다는 것이다.

도파민: 도파민은 정신분열증과 관련이 있는 신경전달물질로 정신분열증에 사용되는 약들이 대부분 도파민 수용체를 차단하는 작용을 한다. 도파민은 뇌에 존재하는 많은 신경전달물질의 통로를 개폐하는 작용을 하는 것으로 통로가 열려야만 신경전달물질이 특수한 기능을 할 수 있다. 도파민이 감소하면 파킨슨씨병을 일으킨다.

세로토닌: 세로토닌의 통로는 중뇌에서 시작되는 것으로 보이며 6개 정도의 통로가 뇌의 각 부분으로 존재하며 많은 부분이 대뇌피질에서 끝난다. 세로토닌은 우리가 의지적인 행동을 할 때 운동

기능을 조절하는 기능과 관련이 있다. 세로토닌은 걷는 것, 먹는 것, 성적인 행동, 공격적인 행동에 관련이 있고 자기 억제와 관련이 있다. 세로토닌이 부족하면 충동억제력의 감소, 상황에 대한 과민반응, 불안정서, 충동적인 성 행동, 과식, 공격적인 행동, 심하면 살인도 한다.

노르에피네피린: 스트레스나 위급상황 시 부신 선에서 분비되는 물질로서 중추신경계에서 중요한 신경전달물질로 작용한다.

뇌 손상적 요인

뇌는 우리 내부에서 일어나는 모든 정보를 주고받는 신경계로 구성되어 있는데 크게 중추신경계와 말초신경계로 구분된다.

중추신경계: 중추신경계를 이루는 뇌는 뇌간과 전뇌로 구성되어 있다. 뇌간은 호흡, 수면, 동작의 조정과 같이 생명을 유지하는 가장 기본적이고도 자동적인 기능을 수행하고, 전뇌는 다른 동물과 구별되는 인간의 고등정신 기능인 인지, 사고학습과 같은 활동을 담당한다.

전뇌는 대뇌피질을 포함하여 기저핵, 시상과 시상하부 그리고 번연계가 있다. 정신분열증 환자의 전두엽 피질, 해마 앞부분, 편도핵 등의 구조가 위축되어 있다고 보고하고 있으며 전두엽 부위의 혈액 흐름이 감소되어 있음이 발견 되어지고 있다.

우울증과 양극성 장애(조울증)도 신경질환이나 신체장애로 인하여 발생할 수 있다는 보고가 있다. 즉 좌측 뇌의 앞부위에 손상이 생기면 주로 우울장애와 같은 증상을 보이며, 기저핵이 손상되면 조울증의 증상을 보인다고 한다. 이런 임상 연구에서 특정한 뇌 부위의 손상이 우울증의 선행요건이 된다는 것을 알 수 있다.

취약성–스트레스 원인

정신병리는 환경과 개인의 특성과의 상호작용에 취약성–스트레스에 의해 발생한다고 하는 학자들이 최근에 늘고 있다. 유전적 소인이나 뇌 신경계의 이상성 등 취약성을 가진 개인이 환경적 여건 특히 스트레스를 일으키는 사건에 직면하면 정신장애를 일으킨다. (cf. 손매남, 『목회정신병리학』, 128-131) 이때 환경적 여건 특히 스트레스 사건에 직면하여 정신장애를 일으킨다. 이때 환경적 여건은 생물적(유전자 이상, 뇌 신경 이상), 심리 사회적 변인(개인의 반응적 특질, 부모의 양육 방식) 간의 상호적 반응으로 흔히 나타난다.

취약성 스트레스의 모형은 생물 의학적 요인이 분명하지 않은 불안 장애나 인격장애만이 아니라 정신분열증에도 적용이 된다. 정신분열증조차도 단지 신경조직의 이상이나 유전적 소인 때문에 발생하는 것으로 보지 않으며 환경 스트레스와의 복합적인 상호작용에 따라 발생하는 것으로 보고 있다.

이러한 상호작용은 출생 이후에 비로소 이루어지는 것이 아니라 출생 전에도 유전자 간에, 그리고 태내의 환경과 상호작용하면서 소인이 형성되는 것으로 보인다. 스트레스를 유발하는 여건으로는 물리 생물학적 스트레스와 심리사회적 스트레스가 있다. 갑자기 지진이 발생했거나 약물의 중독 등은 물리적 스트레스이고, 오랫동안 잠을 못 자거나 병균의 침입 등은 생물학적 스트레스라고 할 수 있다. 또한 배신과 좌절, 배우자 사망, 실직 등은 심리사회적 스트레스라 할 수 있다.

기독교적 관점에서의 요인

"욕심이 잉태한즉 죄를 낳고 죄가 장성한즉 사망을 낳느니라."(약 1:15)

아담의 원죄로 말미암아 인간에게는 세상에 대한 욕심(부, 성공, 허영심 등)과 상처, 열등감, 비교의식, 피해의식, 시기, 분노, 인내하지 못하고, 용서하지 못하고, 참 기쁨과 참 평화가 없는 타락한 인간의 갈등 속에서 언제나 상처받고 상처 주면서, 철학은 무엇이며 과학은 무엇이며 심리학은 무엇인가? 인간의 지혜로 성경의 진리에서 벗어나서 새 길을 찾고, 찾고자 했지만 자유주의 신학은 복음을 떠나 하나님을 왜곡하였고, 진화론은 더 이상의 진화를 증명해내지 못하고, 공산주의는 인간을 공개적으로 파멸로 몰고 가서 멸망하지 않았는가?

사단은 여러 가지 상처와 연약함과 병의 요인을 가진 자들을 공격하여 누르고, 억압하여 처음에는 노끈으로 묶고, 다음은 밧줄로 묶고, 그다음은 쇠사슬로 동여매어 결코 벗어날 수 없게 된다. 또한 상처를 준 사람이나 사건에 대해서 이해하고, 용서하고 잊어버리지 못하면, 그 사건에 집착하게 하여 마음에 우물을 파고 들어앉아서 생각하고, 생각하게 한다.

점점 우물은 깊어지고 나오기가 힘들게 되며, 어둠의 담 안에 갇혀서 담은 점점 두꺼워지고 자유를 잃고, 완전히 악한 마귀의 노예로 정신병원을 전전하게 된다. 정신이란 무엇인가? 어찌 그것을 인간의 연약한 정신에만 맡기겠는가! 인간적인 어떠한 이론이 더 필요하겠는가? 프로이트를 신봉하는 정신과 의사가 정신분석만을 가지고 무슨 힘으로 마귀와 대적하여 그 깊은 우물에서 파괴된 그들의 영혼을 건져 올릴 수 있겠는가? (cf. 심수명, 『인격치료』, 148-158)

(1) 부정적 자아상 치료

부정적 자아상의 정의

부정적 자아상이란 자신에 대해서 부정적 감정으로 바라보고 해석하여 자기를 비하하는 것이다. 이러한 감정들은 자기혐오와 자기 증오를 가져오고 이것들은 자기 패배적인 행동에 의해 강화된 여러 가지 경험에서 나오는 것이다. 부정적인 자아상을 가지고 있는 사람은 '다른 사람들이 자기를 좋아하지 않을 것이다'. '나는 사람들의 기대에 부응하지 못할 것이다' '사람들이 나를 거부할 것이다', '나는 실패할 것이다', '나는 쓸데없는 말을 할지도 몰라', '나는 마음에 상처만 받게 될지 모른다.'라고 생각한다.

◇부정적 자아상의 형성 과정=〉부정적 자기인식→부정적인 자기묘사→〉자기증오의 느낌들 →〉부정적 자기행동

부정적 자아상의 증상

첫째 자신의 부족을 느끼며 자신의 가치를 무시함으로 자기 부인의 오류에 빠진다. 둘째 자신이 다른 사람이기를 바란다. 강박관념이 되면서 자신을 저주하고 부모를 원망한다. 셋째 자신의 죄에 사로잡혀 괴로워한다. 넷째 자신이 무가치한 존재라는 느낌을 피하려고 여러 가지 시도를 한다. 다섯째 과도한 수줍음과 두려움이다. 자기는 사랑받을 가치가 적다고 생각함으로 사람을 두려워한다. 여섯째 모든 규칙이나 법규에 기계적인 정확성을 가지고 순종한다. 일곱째 인정받기에 급급하거나 성취 지향적이다. 여덟째 자신을 너무 쉽게 포기한다.

부정적 자아상의 원인

첫째 인간의 타락 때문이다. 타락으로 낙원을 잃어버린 상실감을 이기지 못하여, 자기를 스스로 지키기 위해서 자신에 대해 집착한다. 둘째는 부모의 부정적인 양육 태도(강압형, 과잉보호형, 완벽주의형, 무절제형, 체벌형, 방치형, 거부형)로 인한 부모와의 적절한 애착 관계가 이루어지지 못한 데서 기인한다.

부정적 자아상의 결과

첫째 인간관계를 파괴한다. 사람을 대할 때 반항하고 도피하며 무시하거나 비판하기 때문에 가족관계 속에서 어려움을 겪는다. 둘째 다른 사람의 평가에 민감하다. 다른 사람을 의식함으로 자신을 비하하고 스스로가 비굴함과 분노를 느낀다. 셋째 하나님과의 관계가 힘들다. 하나님을 원망하고 불신과 거부의 마음이 가득하게 된다. 넷째 육체적, 정신적으로 질병을 가져온다. 자신에게 부정적이며 자기를 사랑하지 못하여 정신적으로 고통당하며, 억압되어 육체적 증상이 나타난다. 다섯째 자신에 대해 열등감을 느낀다. 병적 열등감은 비교의식을 낳고 이 비교의식은 질투 시기, 증오심을 낳아서 정신적 충격으로 육체적 질병을 동반한다.

부정적 자아상의 치료

가) 자각하기—자각이란 지금, 이 순간에 주요한 자신의 욕구나 감각, 감정, 생각, 행동, 신앙과 믿음, 환경, 자신이 처한 상황, 하나님의 뜻 등을 알아차리는 것이다. 첫째 부정적인 기분을 악화시키는 자신의 부정적인 사고의 내용을 자각해야 한다. 둘째 그 사고가 올바르고 합리적인 생각인지를 살펴보고 따져보아야 한다. 셋째 좀 더 합리적이고 긍정적인 생각이 무엇인지 대안적인 사고를 찾아본다. 넷째 이러한 사고를 유지하고 강화함으로써 부정적인 기분에서 벗어나서 긍정적 사고로 바꾸어 간다.

나) 감정직면—자기 안에 있는 감정을 있는 그대로 보고 받아들이는 것이다. 때로 감정을 보고 인정하는 것으로도 치유가 된다. 감정의 특성을 알고 소중하게 여기고 긍정적으로 이끌면 놀라운 힘으로 전환될 수 있다.

다) 감정표현— '생각'은 삶의 방향을 제시하고 '감정' 동력으로서 삶에 필요한 에너지를 준다. 감정에서 달아나 감정이 없는 듯 가장하면 그것이 억압되어 삶의 활력을 잃어버리고 우울증이나 심인성 질환 등 각종 질병으로 어려움을 겪게 된다. 치유를 위해서는 상처받은 감정은 억압하지 말고 드러내야 하며 침묵을 깨고 속마음을 열어야 한다. 육체적인 질병을 치료하기 위해서 자신의 아픈 곳을 보이듯이 자신의 마음의 상처, 약점, 허물, 문제점 등을 솔직하게 드러내야 한다. 어렸을 때 부정적인 감정들을 속으로 삼킨 사람은 긍정적인 감정들(기쁨, 흥분, 포근함)을 자연스럽게 표현하지 못하게 한다. 지금이라도 두려움과 분노와 슬픔을 느끼고 표현하는 방법을 배워야 한다.

라) 자기 사랑—우리는 하나님의 형상대로 창조되었으며 영원한 가치를 지닌 존재이다. 자기를 사랑하는 것은 하나님의 뜻이다. 자기 자신을 있는 그대로 만들어 주신 존재로 껴안을 때 만 영적으로 성장할 수 있다. 자기의 장단점을 기꺼이 받아드리고 자신에 대해서 받아드리면 자기방어의 벽이 무너지게 되고 회심을 촉구하는 성령의 은혜가 우리를 자유롭게 통과할 수 있게 된다. 전에 자신이 누구인지 씨름하느라 소모하게 하던 에너지를 성령의 지도아래 평화롭게 자신을 재구성하는데 사용할 수 있다.

결국 자기수용은 우리를 창조한 후 '좋다'고 하신 하나님께 대한 믿음에 기반을 둔다. 하나님은 우리를 쓰레기로 만들지 않으셨다. 그러므로 자신을 비하시키지 말아야 한다. '나는 중요한 사람이며 사랑받을 만하며 유용한 인간이다' '하나님은 나를 사랑하시고 나를 기뻐하신다.'라고 생각하면 자신을 더욱 신뢰하고 자신의 삶을 효과적으로 관리해 나가게 된다.

마) 자기애를 넘어 이웃 사랑하기—사랑은 나와 너, 우리라는 차원의 인격적 성장과 성숙뿐 아니라 인류라는 차원으로 지향된다. 그러므로 한 영혼에 대한 깊은 관심과 사랑으로 전환되는 것이다. 전인회복을 위해서는 아가페 사랑을 통하여 다른 영혼들을 사랑하게 된다.

(2) 열등감 치료

열등감의 정의

열등감이란 '힘'이 모자라는 개인(집단)이 더욱 힘이 있는 다른 개인(집단)에 느끼는 감정이다. 이것이 일종의 복합적인 심리 내면체를 형성할 때 그것을 '열등 콤플렉스'라고 한다. 우리의 과거에서 기인한 건전하지 못한 감정의 공격이며, 전체 성경 속에 있는 어떤 것에 강하게 집착하는 작은 성격이다.

'열등 콤플렉스'는 낮은 자기 존중감과 지나친 자기비판의 태도가 지배적인 성격 증후군이다. 아들러는 우월성을 추구하려는 마음과 형제들의 출생순서에 의해서 제각기 열등의식을 갖게 된다고 하였다. (cf. 심수명, 『인격치료』, 166-167, 174-176, 179-182)

열등감의 증상

(표4) 열등감의 의학적 증상

구분		내용
정서장애		불안, 공포, 우울, 분노, 무기력함, 대인관계의 두려움, 낮은 자존감, 부적절한 느낌, 집중력 저하, 의욕 저하
수면장애		불면, 악몽, 깊은 잠을 못 잠.
신체장애	두통	편두통, 뒷목의 뻣뻣함 등.
	소화기 장애	소화불량, 속쓰림, 위염, 위궤양, 변비, 설사, 과민성 대장 증상 등.
	호흡기 장애	숨이 답답하고 목에 뭐가 걸린 것 같고 숨쉬기 힘들다. 천식 등
	순환기 장애	심장의 부정맥, 빈맥, 식은땀이 나고, 심장의 통증을 느끼며 가슴이 조이는 듯하고 손발이 저리고 마비되는 것 같다. 고혈압 등
	피부 및 근육의 장애	두드러기, 근육의 미세한 떨림 및 마비되는 느낌 등
	기타	신체 각 기관에 각 개인의 특성과 감정의 유형에 따라 다양한 증상이 나타남.
행동장애		가정 내 폭력(언어적, 행동적), 성에 관한 문제 및 알코올 남용 등에 이르기까지 다양

열등감의 원인

첫째, 인간의 죄성 자체가 열등감의 원인이 된다. 아담과 하와 이후에 인간의 원죄로 인해서 남을 모함 하고, 모욕하고, 멸시하고 소외시키며 함정에 빠트리는 죄 된 행동을 하게 된다. 둘째 어린 시절 부모에게서 가장 큰 영향을 받는다. 성장 과정에서 비롯된 부모의 지나친 간섭이나 방임으로 자녀의 필요를 적절히 채워주지 못할 때, 형제간의 경쟁에서 패배를 경험하거나 비교를 당할 때, 부모가 폭행과 폭언을 할 때, 지나치게 엄격하거나 무서운 부모 밑에서 자라게 될 때 인간은 무기력, 무능력을 느껴 열등감을 갖게 된다. 셋째, 부모로부터 버림받은 아이들은 사랑을 주어도 전혀 반응을 보이지 않으며 내부나 외부적인 상처 때문에 생긴다. 넷째, 자신의 출생 배경 때문에 열등감을 갖는다. 다섯째, 직업이나 보수에서, 또는 신체적인 조건 때문에 열등감을 갖는다.

열등감의 치료

가. 열등감 수용하기–자기에게 열등감이 있다는 사실을 수용하는 것이 중요하다. 열등한 부분을 인정하지 않고 거부할 때 열등감은 심화되고 부작용을 낳는다.

나. 타인의 인정욕 포기–열등감을 지닌 사람은 "나는 다른 주요한 사람들로부터 인정(사랑, 높임, 칭찬, 격려 등)을 받지 않으면 안 된다"는 충동이나 신념을 가지고 있다. 열등감은 끝없이 타인을 의식하여 자아의 중심을 밖으로 옮기기 때문에 불안과 초조를 지속하게 함으로 남이 무엇이라고 하건 모든 것을 내려놓고 하나님의 뜻을 추구하면 열등감을 극복할 수 있다.

다. 자신의 가치 발견하기

a) 나에 대한 하나님의 무조건적인 가치를 본다.

"그러므로 우리가 이제부터는 아무 사람도 육체대로 알지 아니하노라. 비록 우리가 그리스도도 육체대로 알았으나 이제부터는 육체대로 알지 아니하노라 그런즉 누구든지 그리스도 안에 있으면 새로운 피조물이라 이전 것은 지나갔으니 보라 새것이 되었도다."(고후 5:16-17)

b) 나에 대한 하나님의 사랑과 가치를 듣는다.

"그러므로 믿음은 들음에서 나며 들음은 하나님의 말씀으로 말미암았느니라."(롬 10:17)

c) 나에 대한 하나님의 사랑과 가치를 느낀다.

"찬송하리로다. 그는 우리 주 예수 그리스도의 하나님이시요 자비의 아버지시요 모든 위로의 하나님이시며 우리의 환난 중에서 우리를 위로하사 우리로 하여금 하나님께 받는 위로로써 모든 환난 중에 있는 자들을 능히 위로하게 하시는 이시로다."(고후 1:3-5)

d) 나에 대한 하나님의 사랑과 가치에 따라 행동한다.

"그리스도의 말씀이 너희 속에 풍성히 거하여 모든 지혜로 피차 가르치며 권면하고 시와 찬송과 신령한 노래를 부르며 감사하는 마음으로 하나님을 찬양하고 또 무엇을 하든지 말에나 일에나 다 주 예수의 이름으로 하고 그를 힘입어 하나님 아버지께 감사하라."(골 3:16-17)

라. 자신 격려하기-하나님이 보시는 눈으로 자기를 보는 사람은 자신을 소중한 존재로 바라볼 수 있게 된다. 하나님은 우리가 태어나기 전부터 우리의 역할, 우리의 영역, 그리고 우리가 하나님의 사람으로 살도록 계획해 놓으셨다. (cf. 심수명, 『인격치료』, 186-192, 199-204)

가) 나 자신에게 사랑스럽고 소중하며, 능력 있는 사람이라고 말한다.

나) 자신을 사랑스럽고 소중하며 능력 있는 사람으로 본다.

다) 나는 사랑스럽고 소중하며 능력 있다고 느낀다.

라) 나는 사랑스럽고 소중하며, 능력 있게 행동한다.

자신을 하나님의 훌륭한 피조물로 볼 때 모든 열등감에서 자유로울 수 있다.

(3) 분노치료

분노의 정의

분노는 강한 적개심이나 의분의 감정으로 정의되며 자기 존재가 수용되지 않는다고 느껴질 때 일어나는 감정으로 모욕, 멸시, 좌절감, 가상적인 위협이나 실제적인 위협, 부당한 처사로 인한 강렬한 불쾌감 때문에 생기는 흥분된 감정의 상태이다. 인간의 자기방어 체계라는점에서는 꼭 필요한 정서이기도 하다.

그러나 분노는 신체적인 대응상태를 만들어 화가 나면 신체 부위와 연결이 되어 얼굴이 붉어지고 몸에 열이 나고 혈압이 높아지며, 맥박이 빨라지고 가슴이 두근거리고, 마비된다. 그리고 화가 지속되면 얼굴이 타거나, 고혈압, 근육수축, 대장장애(소화 지연, 배탈), 두드러기, 습진, 축농증, 비염, 천식, 편두통, 요통, 홧병으로 나타나며 또한 분노는 인체 내에서 일어나는 아드레나린의 생화학 반응과 그 밖에 많은 감정들을 불타오르게 하는 연료가 된다.

홧병

홧병은 일종의 분노증후군으로서 분노의 억제에 기인하는 심리적 문제라고 할 수 있다. 홧병의 주요 내용은 불면증, 위장장애, 피로, 공황, 급사공포, 우울감정, 소화불량, 식욕부진, 호흡곤란, 심계항진, 일반 통증, 또는 두통, 상 복부에 덩어리가 맺힌 느낌 등의 신체화 증상으로 이루어져 있다. 홧병은 흔히 가정불화, 자녀 문제, 대인관계, 갈등, 빈곤 등과 같이 견디기 어려운 생활상의 문제들로부터 처음 증상이 나타나서 오랫동안 지속되면 정서적 고통 (분노, 증오, 억울감, 복수심, 좌절감 등)의 감정이 억압되어 '울화'의 형태로 내면화되고 신체화 과정을 통해 신체적 증상으로 표출된다. 홧병은 특히 시부모와 남편에게 눌려 사는 한국여성들에게만 있는 병이라고 한다.

분노에 대한 시각

말로 표현하지 못하고 억압된 성난 감정이 격렬하게 표현되어 상대방에게 상처와 고통을 준다. 분노 표현은 초조감, 증오심, 자기 동정, 울분, 좌절감, 낮은 자존감, 비관, 폭언이나 폭력, 날카로운 태도 등이다. 성경에 나타난 분노의 표현은 구약에는 '분노'라는 말이 450회나 나오는데 그중에 375회는 하나님의 분노에 대한 것인데 시편 7편 11절 "하나님은 의로우신 재판장이심이여 매일 분노하시는 하나님이시로다" 또 신약에는 외식하는 바리새인들에게 "독사의 자식들아"라고 화를 내셨다. 하나님의 분노는 죄를 지을 수 없는 공의에서 나온 것이고 인간은 자신의 죄 성에 근거해서 분노를 표출한다. 자신의 분노를 억압하거나 부정할 때 분노가 내면화함으로 삶은 더 어려워진다. 성경은 "분을 내어도 죄를 짓지 말며 해가 지도록 분을 품지 말고 마귀로 틈을 타지 못하게 하라"(엡 4:26-27)라고 권고한다.

분노의 원인

가. 왜곡된 사고: 자신이 처한 주위 상황을 잘못 판단함으로써 상대방의 행동을 오해하고, 스스로 부당한 결론을 내리고 화를 내는 경우이다.

나. 학습화된 분노: 부모가 범죄자이거나 부모에게 심한 벌을 받고 자란 어린이는 쉽게 분노를 나타내며 난폭한 행동을 하는 경향이 있다. 분노 표현을 제대로 하지 못하고 자란 경우도 분노 표현이 자연스럽지 않다.

다. 욕구의 좌절: 자신의 목표가 좌절하였을 때 자신을 다스리는 조절 능력이 부족하면 분노를 느끼게 된다. 자신의 기대, 목표, 욕망이 무너졌을 때 좌절하며 분노를 느낀다. 인간의 욕구는 채워도 만족하지 않고 끝없는 욕망은 타락한 죄성으로 인한 끝없는 갈망 때문이다.

라. 문화적 요인: 권선징악, 인과응보의 강렬한 윤리의식이 문화적 한을 초래한다.

마. 자신에게 실망했을 때: 우리는 삶 가운데서 가장 자주 분노하는 것은 자기 자신이다. 중요한 약속을 잊어버렸을 때, 소중한 물건을 잃어버렸을 때, 같은 실수를 반복하거나 늦잠을 자다가 지각을 했을 때 때때로 분노하게 된다.

분노의 치료

가. 분노 인식하기: 자신의 상처받은 감정과 불쾌감, 분노의 감정을 인정하고 수용하는 단계이다. 많은 사람들이 분노를 조정하는 최선의 방법은 억누르는 것이라고 생각한다. 무조건 억누르는 것은 위암이나 고혈압 등의 신체적 반응으로 나타나기도 한다. 분노의 감정을 오랫동안 억누르고 살던 사람은 실제로 분노의 상황에서도 혼돈된 감정만 느낄 뿐 자신의 감정에 어떠한 문제가 있는지 알지 못한다. 분노가 일어나면 분노를 인정해 주면서 적절하게 조절하도록 잘 보살펴 주어야 한다.

나. 자제하기: 억압은 묻어 버리고 감정을 인식하지 않는 것이지만 자제는 문제의 핵심을 알고 어떻게 해결해야 하는지 알 때까지 행동을 미루는 것이다. 행동을 취할 때까지는 몇 초, 몇 분, 때로는 몇 시간이나 며칠이 걸릴 수도 있다. 어떤 경우에는 그 상황을 떠나서 거리를 둘 수도 있는데 물러남, 상황을 다른 각도에서 관찰함, 일어난 일을 이해하도록 노력함, 감정을 적당한 수준으로 축소시킴을 의미한다.

다. 자유롭게 표현하기: 어린 시절의 일들을 떠올리면서 분노와 슬픔이 올라 올 때 가슴속을 털어놓는 것만으로도 치료가 될 수 있다. 그것은 두려운 일이지만 담담하게 자기 마음과 감정을 표현해 보도록 한다. 할 사람이 없으면 마음의 상처를 써 보면 조용히 자신을 직면하며 감정과 생각을 모으는 시간을 갖고, 분노와 슬픔을 재경험하는 것은 그 자체만으로도 몇 년씩 묵은 부정적 정서를 해결할 수 있다. 하나님께 기도하면 용서의 마음을 주시고 성령께서 분노의 산을 녹여 주실 수 있다.

라. 분노의 원인 찾아내기: 분노하게 한 원인이 무엇인지 자기 나름대로 분노를 초래한 사건의 전말을 생각해 보아야 한다. 무슨 수를 써서라도 자신이 느낀 분노의 감정 또는 불쾌감의 원인을 알아낼 때까지는 어떤 행동을 취해서는 안 된다. 내 가슴속에 있는 분노의 실체를 찾아야 한다. 그것을 분석한 다음에 하나님 앞에서 치료를 받아야 한다.

마. 용서하고 잊어버리기: 분노한 대상을 용서하는 것은 그 대상과의 노예 관계에서 벗어나는 것이다. 용서하지 못하면 분노의 독소가 자기를 괴롭히고 암 덩어리를 만들어 가며 원죄의 쇠사슬에 꽁꽁 묶어 놓는다. 용서는 그 대상의 쇠사슬에서 벗어나는 것이다. 신약성경은 하나님께서 우리를 용서하신 것 같이 우리도 서로 용서해야 한다고 가르치고 있다. 예수님께서는 일흔 번씩 일곱 번까지 용서하라고 하셨다(마 18:22). 자기 자신의 연약함과 어리석음을 알게 되면 모든 인간의 무능함과 연약함과 어리석음을 알게 되고, 이해하고, 불쌍히 여기게 되어 용서할 수 있는 관용과 사랑의 마음이 될 수 있다.

"무엇보다도 열심으로 서로 사랑할지니 사랑은 허다한 허물을 덮느니라"(벧전 4:8)

(4) 불안 치료

불안의 정의

불안이란 미래에 겪을지도 모르는 상처와 고통들에 대한 두려움이며, 무슨 일에 대해서 잘못될지도 모른다는 막연한 생각이다. 프로이트는 노이로제를 설명하는 핵심적인 개념으로 불안이라는 단어를 사용했다. 프로이트 이전에는 불안이라는 것이 신경쇠약에 포함되어 있었다. 신경쇠약이란 만성적인 불안을 주 증상으로 하며. 신체적으로 무기력하고 피곤하며 우울증이 가미되어 점점 몸이 쇠약해지는 것이다. 불안은 적당히 대처하면 학습과 수행에 긍정적인 영향을 미친다.

불안의 종류

*범불안장애: 범불안장애 환자들은 일상적인 삶 속에서 만성적이고 지속적으로 불안해하고 걱정하는 사람들로, 다른 불안과는 달리 불안을 유발하는 상황이 모호한 경우가 많고, 외적인 상황과 관계없이 불안을 경험한다. 이러한 불안은 땀이 나고 얼굴이 붉어지고 심장이 두근거리며 손발이 차가워지는 등의 신체증상, 근육의 긴장과 통증, 안절부절못함, 쉽게 피로해짐, 과민하고 쉽게 화를 냄, 주의집중 곤란, 수면장애 등의 증상을 동반한다.

*공황장애: 실제적인 위험은 없지만 죽거나 미치거나 자제력을 잃을 만큼 공포감이 몰려와서 곧 무슨 일이 일어날 것 같은 불안감을 느끼는 것이다. 공황발작이 심한 사람은 도와줄 사람이 옆에 없는 경우는 바깥출입을 하지 못하는 등 생활에 제약을 받기도 한다.

*강박장애: 강박사고나 강박행동이 주된 증상으로, 강박적인 행위에 많은 시간을 소모하거나 과도하게 집착하여 일상생활에 상당한 지장을 초래하는 것이다. (cf.심수명, 『인격치료』, 214-223)

*외상후스트레스 장애: 천재지변이나 교통사고, 폭행과 같은 분명한 외상적 경험을 한 후에 지속적으로 고통스러운 경험이 반복되는 장애이다.

*건강 염려증: 뚜렷한 근거 없이 신체적으로 심각한 질병에 걸려 있다고 지나치게 걱정하는 심리장애이다. 의학적 평가로는 아무런 장애가 없음에도 불구하고 암이나 에이즈 같은 심각한 병에 걸렸을지도 모른다는 생각으로 망상에 가까운 신념을 갖고 있는 경우도 있다.

  *예기불안: 특정한 대상에 대한 공포증을 가지고 있는 사람이 자기가 두려워하는 대상에 또다시 노출될까 봐 불안해하는 것이다.

불안 심리를 가진 사람의 특성

  가. 신체적 특성

  과호흡(숨을 너무 빨리 쉬거나 깊이 쉬는 것), 호흡곤란, 가슴이 답답한 것, 어지러움, 머리가 무거움, 손발 저림, 다리에 힘이 없음, 가슴이 두근거림, 가슴통증 등이 있다. 생리현상으로는 교감신경의 활성화와 심장혈의 이상으로 심장박동수의 증가, 피부와 손발이 차갑고 저리거나 따끔거리고 얼굴이 화끈거리거나 땀을 많이 흘린다. 어떤 사람은 뒷목이 뻣뻣해지든지 어떤 사람은 가슴이 두근거린다. 혈압이 올라가고 호흡이 빨라지는 등 생리적인 각성상태가 일어나는데 그 상황이 지나가면 몸은 원래의 상태로 돌아간다.

  나. 심리적 특성

  첫째, 행복을 두려워한다. 바라던 성공과 행복이 다가오면 두려움에 빠진다. 즐거운 후에 불행이 찾아올 것 같은 불안 때문에 회피하려고 한다. 둘째, 성공을 두려워한다. 일어나지도 않은 일이 일어날 수 있는 모든 나쁜 가능성을 말한다. 셋째, 항상 갈등을 추구한다.

불안을 느끼는 사람은 고통, 혼란, 불편, 아픔, 슬픔, 갈등, 불행 등 마음을 힘들게 하는 단어와 그 현실들에 대해 매우 익숙해 있다. 넷째 자기의 불행에 대해 원망할 대상을 가지고 있다. 겉보기에는 모든 문제의 근원이 역기능적인 부모인 것 같고 역기능적인 가정인 것 같지만 성취를 누리지 못하고, 성공을 즐기지 못하고, 행복을 외면하고 사는 것은 당사자이지 어느 누가 아니다.

불안의 치료

가. 자동적 사고 파악하기: 불안한 사람의 경우 상실, 실패, 무능의 주제와 관련된 부정적이고 비관적인 생각과 심상을 가지고 있다. 순간순간 스치고 지나가는 자동적 사고를 정확히 파악하는 것은 매우 중요하다. 이를 통해 자신이 그러한 생각을 하고 있음을 깨닫게 되어야만 자신의 생각이나 감정에 어떠한 영향을 미치고 있는지를 알 수 있게 되고, 자신의 생각을 객관적으로 평가하여 이를 수정할 수 있기 때문이다. 자동적 사고는 다음과 같은 타당성을 검토하여야 한다. 첫째, 과대평가이다. 과대평가 오류란 부정적인 사건들이 실제로는 일어날 것 같지 않을 때도 일어날 것으로 생각하는 것이다. 둘째, 극단적 생각이다. 이는 어떤 사건의 결과를 실제보다 더 나쁘게 확대해서 생각하는 오류를 말한다.

나. 합리적 사고로 바꾸기: 그 다음 공포 상황에서 더 타당하고 건강한 방식으로 생각하고 반응할 수 있도록 현실적이고 합리적인 사고로 바꾸는 것이다. 첫째, 과대평가의 오류에 대해 반박하는 방법은 자신의 판단에 대한 근거를 묻는 것이다. 둘째, 극단적 사고를 반박하는 것이다. 공포증이 있는 사람들은 두려운 대상이나 상

황에 대해서 인지적, 정서적으로 회피하려는 경향이 있기 때문에 자신이 두려워하고 있는 상황이 일어날 확률이 얼마나 되는지 면밀히 생각해 보지 않는다. 일어날 수 있는 최악의 경우를 냉철히 생각해 보는 질문이 도움이 된다.

다. 불안과 맞서기: 우리가 잊고 있었던 평안 가운데서도 현실적 불안으로 두려움을 느낄 때 불안과 맞서야 자유로울 수 있다.

라. 불안 표현하기: 불안을 겁이 나서 회피한다고 해서 없어지는 것은 아니다. 불안에 맞설 준비가 되어 있으면 믿을만한 사람을 찾아 숨기지 않고, 그에게 무슨 도움을 원하는지 구체적으로 표현한다.

마. 예수님의 위로로 새 힘 얻기: 예수님은 "하나님의 대적 마귀가 우리를 파멸시키려고 우는 사자와 같이 삼킬 자를 찾고 있다"(벧전 5:8)하셨으나 "이것을 너희에게 이름은 너희로 내 안에서 평안을 누리게 하려 함이라 세상에서는 너희가 환난을 당하나 담대하라 내가 세상을 이기었노라"(요 16:33)고 하신다. 우리는 예수님의 말씀을 믿고 우리를 무능하게 하는 근심과 걱정에서 벗어날 수 있고, 예수님 안에서 우리는 안전함과 사랑과 보호받음과 천국을 약속받았다는 믿음을 회복하면 하나님께서 주시는 평안을 얻고 불안에서 벗어날 수 있다.

"평안을 너희에게 주노니 곧 나의 평안을 너희에게 주노라 내가 너희에게 주는 것은 세상이 주는 것 같지 아니 하니라 너희는 마음에 근심도 말고 두려워하지도 말라."(요 14:27)

(5) 죄책감 치료

죄책감의 정의

죄책감은 사람이 죄를 범하였을 때, 혹은 개인의 도덕적 기준을 위반하는 일을 했을 때 생기는 정신적, 감정적 고통이라 할 수 있다. 죄책감은 고통스러운 것이고 자기의 잘못을 인정해야 되는 것이기 때문에 이 감정을 숨기려 하고 잠재의식의 깊은 곳에 묻어 두게 되어 전혀 다른 방향으로 나타나게 된다. 억눌렸던 죄책감이 다른 이름으로 나타날 때는 마음속에서 갈등과 좌절감, 끊임없는 괴로움을 불러일으킨다. 죄책감은 사람을 꼼짝 못하게 얽어매고 짓누르고 자유와 자발성을 빼앗아 간다. 모든 사람들은 자기 자신을 받아들이려고 애쓰고 있지만 죄책감 때문에 발생하는 여러 가지 거짓된 행위 때문에 고통을 겪는다. (cf.심수명, 『인격치료』, 235-252)

죄책감에 대한 심리학 이론

현대인들은 죄의식이나 죄책감이라는 용어를 피하고 부모. 교사, 상담자는 어린이들에게 '선하다' '악하다' 혹은 '착하다' '나쁘다' 라는 말을 '성숙과 미성숙' '생산적인 것과 비생산적인 것' '사회적 적합과 부적합'이란 의미로 바꾸어 쓰라고 지적하고 있다.

가. 정신분석학 이론: 프로이트는 아동이 부모에 의해서 형성된 초자아의 수준만큼 살지 못하면 양심의 가책으로 죄책감을 느낀다고 하였다. 어린이는 부모의 소원, 가치, 표준에 따라 양심이 형성되며 자신이 동일시하는 권위의 수준에 미치지 못할 경우에는 양심이 그를 질책하여 죄책감을 느낀다는 것이다. 의로운 사람일수

록 그의 양심은 엄격하고 더 많은 것을 요구할 수 있다고 보았다.

프로이트는 불안은 어떤 것을 하도록 동기화시키는 긴장상태로서 쓸 수 있는 정신적 에너지에 대한 원초아, 자아, 초자아 사이의 갈등이 통제를 넘어설 때 생긴다고 보았다. 불안을 현실적 불안, 신경증적 불안, 도덕적 불안으로 구분하였는데 죄책감이나 양심의 가책으로 인한 불안을 도덕적 불안의 범주에 넣었다. 개인이 가지고 있는 초자아의 힘이 충족되지 못하여 양심에 괴로움과 자책감을 느껴 심리적 불안을 직면하게 되며 이러한 자책은 죄책감이 되어 무기력, 불안, 공포, 처벌에 대한 자기방어로 무의식의 세계에 내면화되었다고 하였다.

나. 기독교적 이론: 죄책감은 일차적으로는 신과의 관계요 이차적으로는 자신의 양심과의 관계에 해당한다. 기독교는 이러한 죄책감은 인간의 원죄로 인한 하나님의 진노에서 온다고 본다.

죄책감의 원인

첫째, 죄책감의 뿌리는 어린 시절 부모에게 비난을 받은 경험으로부터 시작된다. 어린이에게 있어 양심의 옳고 그름과 그것에 대한 개념을 굳혀가는 방법들 가운데 하나는 그들이 인정받기를 원하는 가장 가까운 대상인 어머니, 아버지의 기준을 받아들여 내면화하는 것이다. 둘째, 부정적 사고의 악순환을 통하여 죄책감이 더욱 깊어진다. 셋째, 생각이나 행동이 이상을 좇아가지 못할 때 생긴다. 부모를 통하여 또는 자라는 동안에 자기 자신의 목표가 생기는데 목표와 이상에 도달할 수 없는 자신을 보면 마음속에 죄책감을 느끼게 된다.

죄책감에 대한 반응

가. 부인: 자신의 실패나 죄악을 합리화함으로써 그것을 부인하는 경우이다. '다른 사람과 비교해 볼 때 난 그렇게 나쁜 사람은 아니야, 나로서는 어쩔 수 없었어.' 하거나 자신의 결점을 전부 부인하기도 한다.

나. 분노, 반항: 분노가 내재되어 있으나 '어디 두고 보자'라는 생각을 마음속에 품고 반항하는 것이다. 소극적 반항과 적극적 반항이 있는데 한국 사람들은 대체로 소극적 모습을 보인다.

다. 타협: 진정한 회개가 아닌 피상적인 자기 고백으로 자신의 죄책감을 없애고 편안한 마음을 갖기 위한 것이며 하나님께서 용서해 주신 것 같이 생각하는 것이다.

라. 자포자기: 죄책감을 받아들이면서 자신이 형편없는 인간이라고 생각한다. 처벌에 대한 두려움, 쓸모없는 인간이라고 느껴지는 감정, 적대감 등은 정서 생활에 큰 짐을 안겨 주게 되고 자신을 스스로 비난하며 책망하고 자기 가치 감이 저하되고 우울증에 걸리게 된다.

죄책감의 결과

첫째, 삶의 에너지를 고갈시키고 육체적, 정신적, 영적으로 병들게 하여 마음에 상처를 남긴다. 인간은 죄를 지으면 죄책감으로 인해 자신을 학대하고 미워한다.

둘째, 두려움이 생긴다. 죄에 합당한 벌을 받지 않을까? 걱정하며 안 좋은 일이 있으면 하나님의 벌이라고 생각하고 자신이 죗값을 갚으려 한다.

셋째, 하나님과의 교제를 가로막는다. 하나님이 벌하시지 않을까 열등감과 자학으로 인해 하나님의 은혜를 받아들이지 못한다. 하나님이 자기를 사랑하신다는 말을 의식적으로 하면서도 급한 일이 생기면 자기가 취할 수 있는 방법을 먼저 사용한다. 그리고 하나님 대신에 의지할 것(돈, 권력, 지식 등)을 많이 만들어 놓는다.

넷째, 엄청난 스트레스와 압박을 가함으로써 다른 사람들과의 정상적인 관계가 어렵게 된다.

죄책감의 치료

가. 성경적 죄책감 이해하기

첫째, 죄책감은 현실이다. 죄책감은 죄가 있기 때문에 느끼는 것이다. "누구든지 온 율법을 지키다가 그 하나에 거치면 모두 범한 자가 되나니."(약 2:10)

둘째, 하나님은 인간이 죄책감으로 인한 저주 밑에 머물러 있기를 원치 않으신다. 예수님이 대신 죄 값을 치르셨기 때문에 인간은 자유를 얻었다. "그러므로 아들이 너희를 자유케 하면 너희가 참으로 자유하리라."(요 8:34-36)

셋째, 인간의 본성은 원죄로 인한 악으로 향하고 있다. "만물보다 거짓되고 심히 부패한 것은 마음이라."(렘 17:9)

넷째, 죄책감의 기준은 하나님의 법인 성경의 가르침이다. 죄책감은 보편적인 현상이나 억압하느냐 인정하느냐에 따라서 결과는 다르다. 억압할 경우 분노, 반항, 두려움과 염려, 양심의 마비, 자신의 잘못을 인정할 수 있는 능력의 퇴화, 공격적인 성향으로 나타난다. 그러나 의식적으로 인정할 경우 회개, 하나님의 용서로 말미암는 평안이 임하고 그에 따라 양심은 점차 순화되고 공격적 충동은 계속해서 약화된다.

나. 잘못된 죄책감 버리기

끔찍한 범죄를 저지르고도 죄책감을 별로 느끼지 않는 사람이 있고, 반대로 사소한 잘못을 저지르고도 엄청난 후회와 수치심을 느끼는 사람도 있다. 회한, 자기연민, 자기 정죄로 고통 하는 '잘못된 죄책감'을 버려야 한다.

다. 진정한 자유를 향하여

"사람이 의롭게 되는 것은 율법의 행위에서 난 것이 아니요 오직 예수 그리스도를 믿음으로 말미암는 줄 아는 고로 우리도 그리스도 예수를 믿나니 이는 우리가 율법의 행위에서가 아니고 그리스도를 믿음으로서 의롭다 함을 얻으려 함이라 율법의 행위로서는 의롭다 함을 얻을 육체가 없느니라."(갈 2:16)

(표5) 잘못된 죄책감과 진정한 자유

	잘못된 죄책감	진정한 자유
초점 대상	자기자신(이기주의)	하나님 혹은 다른 사람들
초점 행동	지나간 실수	다른 사람에게 끼친 피해나 앞으로의 올바른 행동
변화의 동기	죄책감을 피하기 위해서	다른 사람을 돕거나 하나님의 뜻을 따르기 위해서
자신에 대한 태도	분노와 좌절	사랑과 존경
결과	형식적인 변화 죄책감으로 인한 좌절 더욱 심한 반항	사랑과 상호 존경의 태도를 바탕으로 한 회개와 변화

하나님께서는 인간이 회개하고 돌아오기를 바라시지 처벌하기를 원하시지 않는다. 인간을 대신해서 그 아들 그리스도를 처벌하

섰기 때문에 믿는 모든 자에게는 정죄함이 없다. 그러나 옛사람의 습관에서 하나님의 사람으로 회복시키기 위해서 훈련하시고 연단하신다.

(표6) 율법과 은혜

	율법	은혜
초점	과거	현재와 미래
용서	우리의 노력에 의해 얻어짐 (교회출석, 기도, 성경읽기, 선행)	그리스도에 의해 주어지므로 감사하게 받음
행위의 동기	두려움	사랑
힘의 근원	끊임없는 우리의 노력	성령의 은혜
결과	처벌과 비난	사랑과 구원
실패할 때	재정적 손실, 병, 비극, 무시	하나님께서는 은혜 안에 영원히 용서해 주심
성공할 때	기도응답, 부, 건강, 더욱 사랑	하나님께서는 상관없이 받아주심, 축복을 주심.

"그리스도께서 우리로 자유케 하려고 자유를 주셨으니 그러므로 굳세게 서서 다시는 종의 멍에를 메지 말라."(갈 5:1)
  인간은 은혜로 율법에서 벗어났다고 하지만 성령의 완전한 지배를 받지 못하면 다시 율법으로 돌아가서 율법의 제약을 받는다(롬 7:15-24).

라. 자유 선포하기

"그러므로 이제 그리스도 예수 안에 있는 생명의 성령의 법이 죄와 사
망의 법에서 너를 해방하였음이라 율법이 육신으로 말미암아 연약하
여 할 수 없는 그것을 하나님은 하시나니 곧 죄를 인하여 자기 아들을
죄 있는 육신의 모양으로 보내어 육신에 죄를 정하사 육신을 쫓지 않
고 영을 쫓아 행하는 우리에게 율법의 요구를 이루어지게 하려 하심
이니라."(롬 8:1-4)

(6) 거절감 치료

거절감의 정의

모든 인간은 다른 사람들로부터 안전감과 가치감, 중요감을 받
고 싶은 소망이 있다. 이것이 채워지지 않으면 버림받은 느낌을 받
으며, 상처를 받아 고통을 받게 된다. 거절감을 받으면 상처를 주
는 사람들을 보지 않기 위해서 담을 쌓기 시작하는데 처음에는 그
담은 점점 높아져서 찾아오는 사람도 없고 지나가는 사람들도 보
이지 않는다. 도와주는 사람도 없고 살만한 가치도 없는 황량한 가
슴이 되는 것이다. 노엘 깁슨은 "거절감은 가장 진단이 안 된 것이
며, 가장 많이 다루어지지 않은 것으로 오늘날 그리스도인의 몸 안
에 있는 만성적 질병이다"라고 하였다.

장기화된 깊은 거절감은 상처의 주된 원인이며 성격 전체에 부
정적이고 파괴적인 영향을 미친다. 참된 나는 숨겨지고 거짓 자아
가 자리를 잡는다. 거짓된 자아는 자신도 사랑할 수 없고 타인도
사랑할 수 없으므로 다시 거절감을 경험하여 악순환이 계속된
다.(cf. 심수명, 『인격치료』, 256-274)

거절감의 증상

(표7) 거절감의 증상

자기 학대	타인 학대
슬픔, 자기연민, 자기증오, 우울감, 피해의식, 무관심, 열등감, 불완전감, 실패감, 죄책감, 수치심, 낙심, 절망	적대감, 자만심, 궤변, 고집, 우월감, 경쟁심, 군림, 완고함, 조종, 배우려 하지 않음, 망상, 적개심/원망, 비판, 통제, 소유욕

거절감의 원인

가. 부모에게서 받은 상처: 첫째, 어린 시절 불행했던 가정환경으로부터 온다. 둘째, 과잉 보호이다. 부모가 대신 선택해서 결정함으로 아이가 스스로 살아갈 기회를 박탈하는 것이다. 등, 조건을 완수하지 못하면 완벽주의 부모는 용서하지 않는다. 넷째, 비교 때문이다.

나. 그 밖의 상처: 교사들의 거짓된 비난 또는 옳지 못한 지도력 때문에 학생들의 마음속에 깊은 거절감을 경험하며 성장하게 된다. 또는 대중 매체를 통하여서 사실이 아닌 것을 진실처럼 왜곡하여 인간의 마음에 상처를 준다.

거절감 치료

가. 낮은 자존감 인정하기: 자신이 낮은 자존감이 있다는 것을 인정하는 것이란 이제껏 자기가 살아온 삶을 시인하는 것이다.

부정적인 자존감의 순환 유형

1. 부정적인 자기대화— 왜곡되게 듣고 반응, 부적합한 메시지를 보내는 것

2. 부정적인 자기묘사— 자기와 타인들에 대한 왜곡된 견해들.

3. 부정적인 느낌들— 과장된 느낌들과 표현들

4. 부정적인 행동— 형편없는 성과

나. 자신 사랑하기: 자기 사랑이란 자기도취가 아니고 자기를 하나님의 형상을 반영하는 존재로 받아들이는 것이다. 자기를 사랑하기 위해서는 먼저 자기 수용이 있어야 한다.

첫째, 자기의 외모를 있는 그대로 수용한다. 둘째, 인간의 능력은 하나님께서 주신 것으로 감사함으로 수용하면 더욱 크게 쓰임받는다(다섯 달란트 받은 자). 셋째, 부모를 수치스럽게 생각하며 증오하는 사람은 결혼생활도 원만하지 못하며 자신들도 고통받으며 자기 수용이 어렵다. 이러한 정신적 증오를 하나님께 고백하면 안식을 체험하게 된다. 넷째. 자신의 가정환경이나 가족에 대해서 자신감이 없을 때 불평, 수치감, 배척감을 느낄 수 있고 자신의 자아상에 심한 해를 끼친다.

다. 하나님의 일꾼으로서의 자부심: 자신을 하나님의 구속 계획의 일부로 수용하는 것은 건강한 자존감을 회복하는 과정에서 결정적인 단계이다. 자신의 재질을 발견한 후에 그리스도를 위해서 헌신하도록 노력하는 것이다.

라. 자기직면: 자존감은 자기 정체성의 문제이며 자기자신을 인정할 때 비로소 자신에 대해 현실적인 요구를 할 수 있으며 현실보다 더 높게 자신을 평가하는 것으로부터 자유를 얻게 된다. 또한

자신을 낮게 평가하는 것으로부터도 자유 함을 얻을 수 있으므로 타인을 기만할 필요가 없다.

마. 예수님 의지하기: 자기를 양육하고 인내하고 훈련하여 인격적으로 성숙(성화)할 수 있도록 하나님의 말씀과 기도와 교회 생활을 통하여 적응하여 나간다.

예수님을 구주로 영접하고 예수께서 자기를 위해서 십자가에서 죽으신 것을 믿으면 그리스도의 사랑이 그 안에 흘러서 자기를 향하신 하나님의 뜻이 감사함으로 전달되고 어두움에 꽁꽁 묶였던 자기가 해방을 받아 쓴 뿌리와 버려진 상처들이 치료되기 시작된다.

(7) 우울증 치료

우울증의 정의

우울증이란 조절되지 않는 우울한 기분과 함께 의욕의 상실, 집중력의 장애, 입맛의 장애, 입맛의 저하, 수면장애, 죄책감, 자살사고 등의 여러 가지 고통을 겪는 병적 상태를 말한다.

우울증은 우울한 기분에 수반되는 다양한 정서 표현을 나타내고 동시에 생각도 우울하게 만들 뿐 아니라 행동의 장애도 가져오고 여러 가지 신체 증상을 수반한다. 그리고 한 인간으로서 전체적인 사회관계를 맺어 가는 데에도 어려움을 초래한다.

우울증에는 반응성 우울증과 내인성 우울증으로 구분한다. 반응성 우울증은 전체 우울증에서 75%를 차지하고 있으며 내적 요인이 아니라 외부적 요인(사랑하는 사람의 죽음, 자녀의 결혼, 분가, 이혼 등의 경험)에 대한 상실로 일어나는 우울증을 말한다. 내인성 우울증은 분명하지 않은 신체 내부적인 과정으로 인하여 일어나는 우울증이다.

우울증의 증상

가. 정서적 증상: 우울증은 우울한 기분이 지속되는 상태를 말하는데 중심정서는 슬픔이다. 우울증 상태에서는 슬픔과 상실감으로 서럽고 침체된 기분이 지속되며, 눈물을 흘리며 울기도 한다. 자신이 무가치하고 인생이 허무하다는 느낌과 더불어 암담한 미래에 대한 절망감이 밀려들게 된다. 삶에 대한 동기와 욕구가 저하되고 생활도 침체된다.

나. 인지적 증상: 부정적이고 미래에 대해서 비관적인 생각을 가지며 일의 능률과 기억장애까지 나타나며 심한 경우 자살까지 생각한다.

다. 행동적 증상: 쉽게 지치며 자주 피곤함을 느끼며 사회적 활동을 회피하여 위축된 생활을 하며 짜증을 잘 내고 용모 치장에도 게을리한다.

라. 신체적 증상: 식욕이 저하되어 체중이 현저하게 감소하거나 식욕이 증가하여 갑자기 증가하는 경우도 있다. 성욕감퇴, 소화불량,

두통 등의 증상이 나타나며 면역성이 떨어져서 감기와 같은 전염성 질환에 약하고 한번 감기에 걸리면 오래 가는 경향이 있으며 변비, 수면장애, 과잉수면 등이 나타난다.

마. 사회관계: 약한 우울 상태에서는 우울한 기분을 줄이기 위해서 사회 활동을 하거나 친구에게 필요 이상의 선물을 한다든가 사랑과 관심을 얻기 위해서 다른 사람에게 맞추려고 노력하기도 한다. 우울함이 심해지면 이러한 노력을 할 수 없게 되고 말도 없어지게 되고 점차 다른 사람들과 떨어져 은둔하게 한다.(cf. 심수명, 『인격치료』, 279-302)

우울증의 원인

가. 상실: 인간의 삶은 상실의 가능성으로 가득 차게 된다. 엄마의 뱃속에서 세상에 태어나면서부터 모든 것을 잃기 시작한다. 어린 시절은 부모의 관여, 결혼 후에는 배우자의 관여로 독립과 자유를 상실해 간다. 차츰 사랑하는 사람들을 잃게 되고 늙고 병들게 되어 자기 자신의 삶도 상실의 단계에 도달하게 한다.

나. 부정적인 생활사건: 개인에게 심리적인 좌절과 스트레스를 주는 부정적인 생활사건은 흔히 우울증을 일으키는데 우리의 생활에 새로운 변화에 적응해야 하는 심리적 부담(스트레스)을 주는 것을 말한다. 가족의 사망이나 심각한 질병, 자신의 질병, 가정불화, 가족관계나 이성 관계의 악화, 친구와의 심각한 다툼, 갈등, 실직이나 사업실패, 경제적 파탄과 어려움, 현저한 업무 부진이나 학업 부진 등의 다양한 사건이 포함된다.

다. 사회적 지지 결여: 친밀감, 인정과 애정, 소속감, 돌봄과 보살핌, 정보제공, 물질적 도움과 지원 등을 통해 개인의 자존감과 안정감을 유지시켜 주는 사회적 지원을 말한다. 지지의 원천은 배우자, 가족, 동료, 교사 등이다. 이러한 지지를 잃게 되면 어두운 그림자가 지배하게 되어 우울증이 올 수 있다.

그리스도인과 우울증과의 관계

하나님과의 관계에서 문제가 생김으로 우울증이 올 수도 있고, 우울증에 걸림으로써 하나님과의 관계에 문제가 생길 수도 있다.

신앙인들도 우울증에 걸릴 수 있다는 것을 성경에도 여러 번 언급하고 있다. 시편 22편을 보면 "내 하나님이여 내 하나님이여 어찌 나를 버리셨나이까(거절감, 소외감) 내 하나님이여 내가 낮에도 부르짖고 밤에도 잠잠치 아니하오나(수면장애) 응답지 아니 하시나이다 나는 벌레요 사람이 아니라(열등감) 사람의 훼방거리요 백성의 조롱거리이다(수치감) 나를 멀리하지 마옵소서 환난이 가깝고 도울 자 없나이다(무력감) 나는 물같이 쏟아졌으며 내 모든 뼈는 어그러졌으며 내 마음은 촛밀 같아서 내 속에서 녹았으며(체중감소 절망감) 내 힘이 말라 조각 같고(에너지 감소) 내 혀가 잇틀에 붙었나이다. 주께서 또 나를 사망의 진토에 두셨나이다(죽음의 희구 또는 소진)"

시편 69편과 또 엘리야, 예레미야, 요나 등 많은 선지자들도 우울증의 경험을 호소하고 있으나 하나님은 그것을 정죄하지 않았고 신앙인들이 경험할 수 있는 부정적인 감정상태 자체를 정죄하거나 불신앙으로 지적하지 않으셨다.

상실을 치료하기

상실을 해소하기 위한 과정은 항의, 절망, 결별의 세 단계가 있다.

첫 번째 항의 단계는 상실(손실)이 일어났음을 발견하는 순간에 일어난다. 마음과 몸의 자연스러운 이러한 반응은 상실을 극복하도록 돕기 위해서 고안된 것이다. 이 항의 단계에서 사람들은 하나님과 자기 자신, 그리고 누구든지 간섭하려는 사람을 탓하며 상실의 책임이 있는 사람을 물고 늘어지는 경향이 있다. 특별히 이별이 예상되지 않았던 경우에는 지나친 적대감을 보이며 과장된 적대감과 당황, 항의, 분노가 있을 수 있다. 이때에도 하나님을 바라보면 언제나 도움을 주신다.

두 번째 절망의 단계이다. 절망 속에 빠지면서 다른 사람이나 물건에 관심을 잃고 자기 속에 깊이 빠져 침묵하게 된다. 이때 상실을 슬퍼하고 상실의 의미를 반추해 볼 시간이 필요하다. 오직 하나님께로부터 오는 위로밖에 진정한 위로가 없다. 이들에게는 말을 많이 하거나 판단하거나 정죄하지 말고 경청하는 데 초점을 맞추어야 한다.

세 번째, 상실한 대상에게 더 이상 매달려서 자학하면서 고통당하지 말고 하나님께 의지하고 말씀으로 위로받아 상실과 결별하는 단계이다.

> "평안을 너희에게 끼치노니 곧 나의 평안을 너희에게 주노라 내가 너희에게 주는 것은 세상이 주는 것 같지 아니하니라 너희는 마음에 근심도 말고 두려워하지도 말라."(요 14:27)

"사람이 감당할 시험 밖에는 너희에게 당한 것이 없나니 오직 하나님은 미쁘사 너희가 감당치 못할 시험 당함을 허락지 아니하시고 시험 당할 즈음에 피할 길을 내사 너희로 능히 감당하게 하시느니라."(고전 10:13)

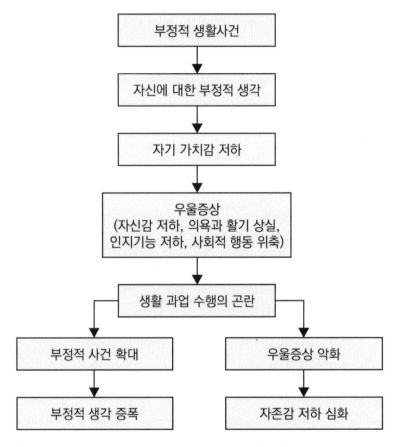

(그림6) 우울증이 악화되는 악순환의 과정

부정적인 악순환의 고리 인식

우울증은 부정적 생활사건에 의해서 촉발된다. 이러한 부정적 생활사건을 계기로 자신에 대한 부정적 생각이 증가하고 자기 실망, 자기 질책, 자기 비난, 자기 비하를 통하여 자기가치 감이 저하되면서 우울 증상이 나타나게 된다.

우울증을 극복하기 위해서는 이러한 악순환의 과정을 잘 인식하고 악순환의 고리를 끊는 일이 중요하다. 우울증이 심각하면 전문가의 도움을 받아야겠지만 하나님의 말씀을 의지하고 개인적인 노력으로도 우울증은 극복할 수 있다.

생각 바꾸기

부정적인 생각을 하면 기분이 우울해지고 기분이 우울해지면 생각이 부정적으로 변한다. 우울증에서 벗어나려면 부정적인 생각을 긍정적인 생각으로 바꾸고 우울한 기분에서 벗어나야 한다.

부정적 대화 반격하기

부정적인 생각은 집요하게 떠올라서 인간을 괴롭히는데(사단) 속으로 자책하고 계속 끌려다니면 더욱 심각한 함정에 빠질 수밖에 없다.

건강한 자아의 힘을 키우는 방법은 자신의 긍정적인 측면을 수용하고 부정적인 속말(혼잣말)을 긍정적인 속말로 바꾸는 것이 필요하다. 이러한 방법을 인지치료에서는 되받아치기 또는 반격하기라고 한다. 자기에게 상처가 되는 속말을(자기의 연약함과 어리석음) 하나님께 고백하면 열등감이 아니라 내게 긍휼(불쌍히 여김)의 마음을 주시고 하나도 상처가 되지 않는다.

자기를 사랑하기

성숙한 자아는 자기를 인정하고 사랑하는 데서 온다. 남을 미워하거나 비판하지 말고 이해하면 사랑의 마음이 생겨 긍정적 사고로 바뀌며 평안한 마음이 된다.

긍정적 사고―a) 나만이 겪는 일이 아니다. b) 우연한 일이 아니다. 하나님의 목적이 있으시다. c) 나쁜 일이 아니라 더 좋은 것을 주시려는 연단이다. 하나님께서는 언제나 우리가 행복하기를 원하신다는 것을 기억하라.

상담자의 태도

a) 진지하고 확고할 것: 우울증을 포함한 환자의 전인격을 수용하고 있다는 명확한 태도를 보이라.

b) 인내할 것: 두 배 이상의 인내가 필요하다.

c) 수용하는 자세: 상담자는 그 환자에게 하나님이 그를 사랑하시고 그의 고난 가운데 함께 하고 계신다는 것을 인식시킨다.

d) 대화의 개시: 우울한 상태에서 환자는 수동적이 되어 상담자는 먼저 대화를 개시하도록 노력하고, 대화가 중단되어 침묵이 계속되지 않도록 노력해야 한다.

e) 감정표현을 격려: 우울증 환자들은 감정표현에 어려움을 느끼므로 그들의 말을 경청하고 슬픔이나 분노 등을 표현할 수 있도록 격려해야 한다.

f) 자기 파괴적인 행동을 저지: 환자가 갑자기 대인관계를 중단하는 파괴적인 행동을 하지 않도록 보호해 주라.

g) 희망 고취시키기: 환자의 주요 특징인 절망을 희망으로 바꾸기

위해 우울증을 초래한 문제가 무엇인지 확인하게 하는 것이다.

h) 그리스도에 대한 확신 심어 주기: 정죄하는 말은 피하고 하나님의 사랑이나 그리스도의 주님 되심을 확신하도록 한다.

i) 내담자의 독립성 증진시키기: 환자는 상담자에게 상당히 의존적이 될 수 있다. 초기에는 의존적인 경향을 허용하다가 환자가 우울증에서 벗어나기 시작하면 의존적 행동을 자제시켜야 한다.

j) 신체적인 표현을 통한 지원: 적절한 때와 방법으로 피상담자들을 안아 준다거나 어깨에 손을 얹는 다거나 하는 등 신체적 표현은 언어 이상의 효과가 있다.

반드시 지켜야 할 사항

a) 생명을 위협하는 징후를 찾아라(즉 자살 충동, 자기부정, 자기를 돌보지 않으려는 증거들)

b) 자살의 위협이 있는 경우 생명을 보전하게 하는 적절한 조치들을 취하라(가족들에게 경고하는 것, 경찰에 신고하는 것, 내담자를 강력한 보호시설에 의뢰하는 것 등)

c) 우울증 환자에게 우울증 내력 여부와 이전의 우울증 발작이나 가족력을 조사하라.

d) 우울증에 대한 내담자의 태도, 장애의 심각성에 대한 이해, 그리고 도움에 대한 기대를 조사하라.

e) 내담자의 강점, 방어기재, 환경적인 자원 등을 명백히 하라.

f) 우울증의 원인이 무엇인지 이해하는 데 도움이 되는 적절한 자문을 얻어라.

상담 시 금지 사항들

a) 포기하지 말 것. b) 분노하지 말 것. c) 문제를 피하지 말 것. d) 잠재 능력을 과대평가하거나 비하하지 말 것. e) 신앙적 처방을 적절하게 할 것.

(8) 완벽주의 치료

완벽주의 정의

완벽주의는 높은 기준이나 목표를 설정해 놓고 추구하는 과정에서 실패에 대한 염려나 두려움을 가지는 강박적 경향이다. '마땅히 이러저러해야만 한다.'는 내면의 명령으로 모든 것을 통제하는 것이 완벽주의의 핵심이다. 완벽하다는 것은 인간으로서는 불가능한 것인데 완벽이라는 비현실적 목표를 설정해 놓고 추구하기 때문에 심리적으로 갈등이 생기며 자신의 가치를 생산성과 업적으로만 보기 때문에 자기 파괴적 경향이 생기는 것이다.

완벽주의 증상

첫째, 무엇이든 아주 잘해야 한다는 생각으로 인해 늘 스스로를 피곤하게 한다. 너무 높은 기대 때문에 실패와 좌절로 연결되기 쉽다. 이때 자기장애화 책략, 방어적 비관주의와 같은 심리적 기재가 나타난다. 자기장애화 책략은 실패를 외부 원인으로 돌리기 위해서 자신이 하는 일에 어려움이 개입되어 있다는 것을 타인에게 알려서, 실패하더라도 자기 체면을 유지하고자 하는 방법이다. 이것을 완벽주의자의 '패배자 각본'이라 한다.

둘째, 완벽주의자는 자신이 완벽하지 않은 것은 실패한 것으로 간주하고 다른 사람으로부터 거절당할 것을 예견하여 미리 자신을 멀어지게 한다.

셋째, 일을 잘하기 위해서 미루는 습관이 있다. 완벽하게 해야 한다는 강박적인 생각 때문에 시간적 여유를 갖고 일을 하는 것에 큰 정서적 고통을 느끼며 압박감을 느끼는 상황에서 가장 일을 잘한다. 일하고 난 후에도 다음에는 시간이 있으면 더 잘 할 수 있을 거라고 생각한다.

완벽주의의 원인

가. 이상적 자아추구: 인지적인 입장에서 완벽주의의 원인을 보는 것으로 자기 불일치 이론으로 설명할 수 있다. 인간은 실제 자아와 이상적 자아, 의무적 자아를 가지고 있다. 실제 자아는 자신의 실제 모습에 대한 생각이며, 이상적 자아는 자신이 소유하고 싶어 하는 모습이며, 의무적 자아는 자신이 소유해야 할 책임이 있다고 느끼는 모습이다. 이 세 가지 자아가 불일치될 때 그것을 줄이기 위해서 노력하게 되는 과정에서 완벽주의가 될 수 있다.

나. 부모의 양육태도: 완벽주의는 부모의 완벽주의적인 양육태도에서 기인 될 수도 있다. 아이가 실수나 실패를 하면 부모는 불안해하거나 실망하게 되며, 아이는 이것을 거절로 받아들이게 되는 것이다. 병든 부모가 병든 자녀를 키워 내듯이 상처받은 부모가 그 자녀를 병든 완벽주의자가 되도록 한다.

다. 불완전에 대한 두려움: 인간은 하나님과 같이 되겠다고 하는 교만과 불순종으로 창 3장의 '선악과' 사건, 창 11장의 '바벨탑' 사건 등 하나님을 떠나서 완전해지고자 하는 어리석음 때문에 인간은 언제나 불안하다. 완벽해지고자 한다는 것은 인간적인 무기력과 좌절감 때문에 전능해지기를 갈망하고 있음을 방증하는 것이다.

라. 사회의 요구: 현대사회는 조직화 되고 거대화되어 가고 있으며, 효율성과 신속성을 강조하는 경쟁사회이고, 다원화된 사회이며, 자본주의 사회로서 정신적 가치보다는 물질적 가치를 강조하는 시대이다. 또한 전자통신 기술의 발달로 진정한 인간관계는 점차 사라지고 경쟁 관계는 더욱 심화되고 있다. 패자는 패자라서, 승자는 항상 승자이어야 하기 때문에 스트레스 가운데서 더욱 완벽을 추구하게 된다.

완벽주의 치료

가. 왜곡된 사고 바꾸기: 완벽주의를 치료하기 위해서는 자기의 왜곡된 사고를 발견하여 합리적이며 성경적인 사고로 바꾸도록 해야 한다.

나. 율법주의를 버리고 은혜 구하기: 높은 목표를 달성해야 한다고 생각하는 완벽주의자 들은 율법주의를 만들어 낸다. 율법주의 신앙을 가진 사람들은 하나님의 사랑을 받아들이는 데도 어려움을 느낀다. 율법주의적인 신념을 버리고 하나님의 은혜를 구하고 무조건적인 하나님의 사랑을 받아드려야 한다. (cf.심수명, 『인격치료』, 308-318)

다. 탁월성 추구하기: 자기중심적 완벽주의는 타인 중심의 완벽주의보다 보람, 즐거움, 행복, 자부심 등을 경험하게 된다. 타인의 인정을 추구하는 병적인 집착(강박증)을 버리고 인정 욕구를 내려놓는다면 완전주의가 치료되고, 탁월성으로 전환될 것이다. 자기 삶의 주도성을 발휘하고 부정적인 면이 긍정적인 면으로 바뀌어 전문성에 대한 탁월성을 갖게 되어 사회적으로도 필요한 사람이 된다. 강박성을 없애기만 한다면 완벽주의는 누구나 반복적으로 연습하면 탁월한 전문성으로 나아갈 수 있다.

(9) 중독 치료

중독의 정의

중독은 자기 자신에게나 타인에게 피해를 준다는 것을 알면서도 행동에 대한 충동을 받거나 유혹을 받을 때 견뎌내지 못하고 그 행동을 하고 마는 것을 말한다. 이와 같은 행동들은 그 사람이 그 순간에 하고자 하는 바램과 일치하며, 그것을 만족시키는 행동들이다. 이것을 '자아동조적 행동'이라고 한다.

중독에는 알코올, 약물과 마약, 음식 등 우리 몸 안으로 섭취되는 물질중독과 성, 도박, 쇼핑, 인터넷, 종교 등 구체적인 일련의 행동들과 상호작용들의 과정에 빠져들기 쉬운 과정중독이다. 이외에 일과 성취, 책임감, 친밀감, 호감을 얻는 것, 다른 사람을 돕는 것 등 여러 행위들에 중독될 수 있다. 중독이란 속박을 당하는 것이며 이런 속박은 날이 갈수록 더 심해진다.

신학적으로 물질중독의 근저에는 대부분 과정중독이 숨어 있으며, 과정중독의 근저에는 타락한 인간의 본성에서 비롯된 죄의 역동성이 숨어 있다. 끊을 수 없는 습관 속에는 타락한 욕망, 신비한 초월성의 환상, 실존적 불안감과 공허감이 숨어 있다.

"이 세상이나 세상에 있는 것들을 사랑치 말라 누구든지 세상을 사랑하면 아버지의 사랑이 그 속에 있지 아니하니 이는 세상에 있는 모든 것이 육신의 정욕과 안목의 정욕과 이생의 자랑이니 다 아버지께로 온 것이 아니요 세상으로 좇아 온 것이라."(요일 2 : 15-16)

죄를 짓고 타락한 인간은 사랑할 대상인 하나님을 잃어버렸기 때문에 세상에서 사랑할 대상을 찾아 더욱 죄에 빠지게 되는 것이다.

중독의 유형

가. 생활 중독: 무질서와 혼돈 속에 가족, 친구, 이웃, 직장 동료들과 매일 충돌하며 소요, 망각, 침체, 권태, 회피 등과 또는 예상 밖의 일이나 갑자기 당하는 일들 가운데서 설상가상의 삶을 살고 있는 사람들의 상태이며 그것은 부족한 환경 가운데 사는 사람들보다 풍요로운 환경의 사람들이 더 많이 직면하는 문제이다.(cf. 심수명, 『인격치료』, 325-348)

나. 쇼핑 중독: 불안하거나 우울할 때 쇼핑을 하는데 중산층에서 많으며 정서적 혹은 성적인 성취감 결핍을 보완하기 위해서 강박감에 사로잡혀 쇼핑한다는 보고가 있다.

다. 일 중독: 일 중독자는 일하려는 신경증적인 욕구를 가지고 있으며 자아에게 무엇인가를 증명해 보이려는 의도가 있으며 일하지 않는 것을 견디지 못한다. 휴식하는 중에도 계속 일거리를 찾으며 불안해한다.

라. 종교 중독: 성령을 받고 정상적인 교회 생활을 통하여 믿음이 성장해 나가야 하는데 광신적인 신앙, 지나친 봉사, 금식, 철야, 헌금 등에 집착하여 자극이나 긴장 완화의 형태로 쾌락을 제공한다면 이 집착은 중독을 초래할 가능성이 있다.

마. 관계 중독: 첫째, 특정 사람이나 특정한 관계에 이성을 잃을 정도로 강렬하게 빠져든다. 둘째, 불건전한 관계가 되풀이되는 틀에서 벗어나지 못하는 것처럼 보인다. 그들은 그 틀을 깨트려 보려고 하지만 깨트릴 수 없다. 셋째, 특정한 사람이나 관계에서 만족을 찾고자 한다. 남자와 여자는 서로 다른 형태의 중독을 선호하는데 남자는 성 중독에 걸리기 쉬운 반면 여자는 사랑과 사람에 대한 중독에 걸리기 쉽다. 성 중독은 다양한 형태의 음란물에 빠지게 된다. 사랑 중독은 사랑을 한다는 것을 좋아하는 것으로, 사랑하고 받는 것을 좋아하는 것이며 성공하지는 못한다.

바. 약물 중독: 약물 중독이란 의학적, 경제적, 법적으로 안 좋은 결과가 오는데도 현실의 고통을 피하기 위해서 혹은 약물의 효능(흥분도달)을 맛보기 위해서 지속적으로 약물을 복용하고자 하는 강박적인 욕망을 말한다.

중독의 4단계
제1단계(시험 복용)-〉제2단계(수시 복용-〉제3단계(상시 복용)-〉제4단계(완전 중독)
정신활성 약물은 뇌에 어떤 영향을 미치느냐에 따라서 첫째, 진정제종류-진정제, 수면제, 마취제-정신의 기능과 환경에 대한 인식을 진정시키는 역할. 둘째, 흥분제종류-암페타인, 코카인(카페인)-

정신작용과 활동을 자극하는 역할. 셋째, 환각제종류-환경에 대한 인식이 달라진다.

◇담배(니코틴): 니코틴을 중단하면 불안, 두통, 메스꺼움, 불면, 짜증, 몽롱함, 집중력 상실 등과 함께 담배에 대한 강한 욕구가 찾아온다. 흡연은 죽음과 장애, 폐 질환과 심장질환의 주범이 되고 있다.

◇알코올 중독: 알코올 중독은 마성 질병이며 가장 흔히 사용되는 뇌 중추 억제제이며 높은 이환율과 치사율의 원인이 된다. 모든 정신활성약물 중에서 가장 위험한 것이 알코올이며 알코올은 신체 근육의 거의 전부, 신경계, 주요 기관(뇌와 간, 심장), 골수, 생식 체계 등에 고루 해를 끼치며 구강암, 인후암, 소화관암 등으로 사망할 확률이 높다.

사. 도박 중독: 병적 도박을 가리켜 '충동조절장애'라 하는데 도박에 대한 욕망을 조절하지 못하고 계속하여 가정과 직업 생활에 파탄을 가져오는 것이다(예: 고스톱, 포커, 마작, 투계, 경마, 증권, 경륜 등). 도박을 하는 동안에 즐거운 긴장감이나 스릴을 만끽한다.

아. 사이버 중독: 인터넷 가상공간 속에서 안식을 찾는 정신질환이다. 몽롱한 환각 증세, 무기력감, 만성적 피로감 등으로 가정 생활이나 사회생활에도 잘 적응하지 못한다. 첫째, 인터넷 자체의 중독으로 인터넷 각종 정보에 집착 또는 채팅 등에 몰두하게 된다. 둘째, 네트워크 게임중독으로 스타크래프트, 리니지 중독, 인터넷 도박 중독 등 오늘날 사회 문제로 번지고 있다. 셋째, 인터넷 포르노 중독은 인터넷에 넘쳐나는 포르노에 탐닉하는 것으로 차단이 불가능하다.

자. 동반 중독: 한 사람의 중독은 상호의존성으로 특히 가족과 관련을 갖게 되는데 이것을 '관계중독'이라고 부른다. 무의식적으로 상호의존성이 심화되어 서로가 없이는 존재할 수 없는 관계에 빠지며 중독자의 자기기만의 교묘한 술책을 돕는다.

차. 조급증 중독: 현대문명의 유행병으로 아드레날린이 원인으로 알려졌다. 무엇인가를 하고자 하는 강한 강박, 아직 하지 못한 일에 대한 강박충동, 애매한 죄책감, 중간의 우울증, 안절부절못함, 어쩔 줄 모름, 이리저리 걷기, 다리 흔들기, 손가락 두드리기, 빠르게 껌 씹기, 초조함, 짜증남 등이다.

카. 음식 중독: 커피, 설탕이나 사탕에 탐닉하는 것도 각성제의 과용과 같다. 거식증과 폭식증의 대부분의 문제점은 완벽주의, 낮은 자존감, 성적 정체성의 혼란, 우울증, 기만, 힘 싸움, 동반 의존성, 신체적 문제 등이다.

중독의 치료

가. 중독 단계: 중독자는 자기혐오와 증오심에 빠져 괴로움을 당하며 극복하려고 노력하지만 내적인 통제 능력의 상실로 극복하지 못하고 절망감에 빠져 있다. 갈등과 대치 국면에 있는 배우자, 이혼, 직업의 상실 등 굴욕감과 부끄러움을 감추기 위한 그들의 심리적 방어기재는 자기가 중독자라는 것을 부정하는 것이다. 상담자는 그의 인격을 존중하면서 자기가 중독자라는 것을 인식하도록 방어기재를 무너트리는 것이 급선무이다(자기투쟁의 단계).

나. 과도기 단계: 자신이 통제할 수 있다는 자신감에 다시 중독물질을 받아들이는 단계이다. 이들의 죄책감은 자기 처벌이라는

부정적 기능으로 중독의 악순환에 빠지게 된다. 죄책감은 다시 자기 처벌의 욕구를 강하게 하고 이 욕구는 더 심한 중독을 통해 성취된다.

이 단계에서 중독을 끊기 위해서는 자기의 불완전성을 인정하고 자신의 모습을 그대로 개방하는 것이다. 불완전함은 고통스럽지만, 받아들이고 주장해야 하며 우리의 온 마음으로 인정할 때 중독은 끊어질 수 있다.

다. 회복 단계: 중독에서 벗어나 회복되기 위한 단계로 김병오는 다음 다섯 단계를 제시하였다. 첫째, 깊은 절망감을 경험하는 단계이다. 알코올 중독자는 중독이 심각하면 깊은 절망감 속에서 정서적 밑바닥을 치는 시간이 온다. 절망 속에서 느끼는 무력감은 자신의 힘으로 중독을 통제할 수 없다는 각성을 가져오고, 절대자이신 하나님 앞에 겸손해진다. 둘째, 겸손의 단계이다. 그들은 자신의 중독을 통제할 수 있다는 거짓된 망상에 사로잡혀 있다. 이 망상으로 인하여 중독자의 심리적 기제는 알코올, 마약, 약물이 그들을 주장하고 있다는 것을 부정하고 자각하지 못하게 만든다. 중독자의 마음은 자기중심적이며, 자신이 스스로 신이 되어 있는 상태이다. 중독자가 자신의 중독이 죄이며 영적인 질병이라는 사실을 겸손하게 인정하기 시작해야 한다. 셋째, 자포자기의 단계이다. 중독은 자기 스스로는 결코 끊을 수 없다는 것을 인정하고 하나님 앞에 자기를 포기하고 무조건적으로 항복하면 마음속에 죄책감 등 내적 갈등이 사라지고 평화가 찾아온다. 넷째, 오직 하나님만을 의지하는 단계이다. 중독은 영적으로 병든 상태인데 그것에서 벗어나는 길은 우리의 죄를 위하여 이 땅에 구원자로 오신 예수 그리스

138   기독교와 정신치료

도를 믿고 의지하는 것이다. 다섯째, 예수 그리스도의 십자가의 보혈로 원죄에 속한 옛사람이 회개하고 씻김 받아 성령께서 강권적으로 주장하는 사람이 되어 하나님의 말씀에만 의지하며 살게 되는 것이다. 성령으로 거듭난 영적인 은혜의 사람이어야만 중독의 악한 유혹에 다시는 빠지지 아니할 수 있다.

라. 치료를 위한 과정중독자의 회복과정은 오랫동안의 인내가 필요하다.

첫째, 수용은 중독자의 필요에 근거를 둔 사랑으로 그가 사랑받을 가치가 있는 사람으로 후히 받아주면서 필요에 따라서는 본인에게 얘기를 해 주어야 한다.

둘째, 중독자의 행동에 대한 합리화나 변명을 받아주지 않고 자기 행동에 대한 책임을 지도록 한다.

셋째, 중독자는 자기 주변에 있는 중요한 타인들에게 그 상황에서 빠져나가려고 호소하게 되는데 따뜻하면서도 단호한 입장을 취해야 한다.

넷째, 개입이 수반된 직접직면이 필요하다. 중독자에게 자신의 파괴적인 행동이 본인과 가족들에게 미치는 결과를 납득시켜 치료를 받아야 할 당위성을 직접 심어 주는 데 있다. 중독자들은 밑바닥까지 가서야 비로소 도움받을 생각을 갖게 되므로 관계 단절, 지나친 쾌락추구, 자살, 과량복용, 영구적 건강손상, 가족사별 등의 돌이킬 수 없는 결과가 발생하게 된다. 이 때에 사랑의 직면을 하도록 개입하여 자신의 행동이 사랑하는 사람들에게 미치는 해로운 영향과 중독 생활양식을 지속하는 데 따른 제반 결과에 대해서 듣게 되며, 중독에 대한 치료법을 알게 된다.

마. 중독의 자가 치료

첫째, 의지력에 호소한다. 가장 필요한 것은 자신의 의지력이다. 유혹에 넘어가지 않는 의지력을 키운다. 둘째, '이제 하지 않겠다.' 라고 주변에 선언하고 주변 사람들에게도 부탁하고 노력한다. 셋째, 아주 끊을 것인지 어느 정도 허용할 것인지 스스로 결정한다. 넷째, 횟수를 스스로 표시한다. 되도록 기록을 하는 등 눈에 보이는 방법을 취한다. 다섯째, 자극이 될 만한 상황은 아예 멀리한다. 여섯째, 주변에 지지해 줄 사람을 만들어 둔다. 일곱째, 자신이 충동적인 행동을 했을 경우의 결과를 상상한다. 여덟째, 다른 일이나 취미활동을 찾는다. 아홉째, 한번 실패하더라도 다시 시작한다. 처음 결심을 실천하지 못하면 자포자기해서 다시 이전 행동으로 돌아갈 수 있다. 열째, 유혹을 거절하는 방법을 익힌다. (cf.김병오, 『중독을 치유하는 영성』, 179-186) 평소에 자기표현이나 자기주장 연습을 해야 한다. 열한째, 혼자 끊을 수 없으면 전문상담가나 정신과 등의 도움을 받는다. 열두째, 예수님과 사랑에 빠진다.

바. 진정한 치료의 길

이 세상 중독에서 벗어나는 길은 중독의 쾌락보다 더한 쾌락에 사로잡히는 것이다. 그것은 원죄의 고통에서 해방되어 성령의 평강과 기쁨으로 말미암아 천국의 희락을 맛보며 사는 것만이 중독을 이기는 길이다. 영적 기쁨과 환희로 승리하고 하나님의 종으로 아직도 그 길에서 허덕이는 많은 영혼들을 돕는 자로 살아야 한다.

"그러므로 이제 그리스도 예수 안에 있는 자에게는 결코 정죄함이 없나니 이는 그리스도 예수 안에 있는 생명의 성령의 법이 죄와 사망의 법에서 너를 해방하였음이라"(롬 8:1-2)

중독자를 대하는 태도

가. 하지 말아야 할 것
*필요한 사실들을 다 알게 될 때까지는 아무 일도 하지 말라.
*처벌, 위협, 회유, 설교하려 들지 말라. 방어기재를 더 강화시
 킬 뿐이다.
*감정에 호소하여 죄책감을 갖게 하여 악순환이 되게 하지 말라.
*문제를 적당히 얼버무리거나 사건을 무시하고 넘어가지 말라.
*중독자가 소홀히 하고 있는 역할이나 업무를 대신해 주지 말라.
*중독자가 중독 기운에 젖어 있을 때 함께 변론하지 말라.
*중독자를 결과에서 구해 주거나 두둔해 주거나 덮지 말아야 한다.
*중독자의 행동에 대해 죄책감을 품지 말라.

나. 해야 할 것
*중독자에게 당신은 사랑하지만 행동은 용인할 수 없음을 알게
 하라.
*독서, 전문가의 조언, 후원 그룹 참석 등을 통해 배우라.
*믿을 수 있는 사람과 함께 상황에 대하여 대화를 나누라.
*중독자로 하여금 그의 행동이 당신에게 미치는 영향을 알게 하라.
*일상생활의 활동들을 지속하면서 가정에 건강한 분위기를 유
 지하라(중독자 때문에 정작 자신의 필요를 저버리지 말라).
*인내가 필요함을 기억하고 천천히 하나씩 해 나가라. 중독의
 회복은 평생 걸리는 과정이다.

5장

기독교 상담

5장

기독교 상담

1) 기독교 상담의 정의와 모델

기독교 상담의 정의 및 필요성

일반적으로 상담이란 한 인간을 도와서 그 인간으로 하여금 자기 자신을 발견하고 실제 생활에 만족스러운 적응을 할 수 있도록 하는 일이라고 정의할 수 있다. 그러면 기독교 상담이란 무엇인가? 상담의 정의에 기독교라는 의미의 설명을 합치는 것이라고 할 수 있다. 즉 기독교의 교리에 맞추어 내담자에게 문제 해결의 기회를 주고, 그리스도인으로서의 삶을 살게 하도록 돕는 것으로 결국 기독교 상담은 성경의 진리들과 예수 그리스도의 무한한 사랑과 수용 그리고 용서에 근간을 두고 있다(하영희, 2010). 더 나아가 양병모(2011)는 기독교 상담은 '기독교 세계관에 기초한 상담자가 상담관계를 통해 내담자를 그리스도의 장성한 분량까지 자라도록 돕는 사역'이라고 주장한다. 따라서 기독교 상담은 인간의 본질이 하나님께서 만드신 정서적, 신체적 존재임과 동시에 정서와 행동의 변화 목표를 넘어서 영적 및 신앙적 성장을 상담목표에 포함시킨다.

결론적으로 일반 상담에서는 하나님은 인간의 정서적 또는 신체적인 건강과 관계없다고 가정하고 문제 해결을 인간 자신들의 자원에서 찾는다. 그러나 기독교 상담의 주된 전제는 하나님 안에서의 진리가 그 진리를 믿고, 순종하는 사람은 자유를 찾게 된다는 데 있다는 것이다.

목회자의 아들이었던 정신의학자 융은 30년간 신경증 환자를 치료한 결과를 가지고 다음과 같은 말을 하였다.

'35세 이상의 나의 모든 환자 가운데서 그들의 중대한 문제가 종교적 태도에 대한 문제가 아닌 사람이 한 사람도 없었다. 실제 종교가 신앙인들에게 주어야 할 것을 주지 못했기 때문에 병이 들었다는 것이다. 종교적 신앙을 도로 찾는 것 외에는 그들 중에 누구도 건강을 찾을 수 없다는 것이다.'

기독교 상담과 일반 상담의 차이

일반 상담의 대가인 Rogers(2007)는 상담이란 상담자가 비지시적인 방법으로 내담자의 문제를 해결하도록 도움으로 인하여 내담자의 건강한 미래를 도와주어야 한다고 주장하였다. 그러므로 일반 상담은 문제를 가지고 있는 내담자의 문제가 해결되어 내담자가 행복하다면 상담은 끝이 나는 것으로 간주할 수 있다.

그러나 기독교 상담은 '기독교 상담의 최종 목적은 예수 그리스도를 닮는 모습의 내담자가 되도록 돕는 것이다'라고 Collins(1982)는 주장하였다. 물론 상담의 특징을 보았을 때 일차적인 것은 문제 해결이지만 결국 기독교 상담의 궁극적인 목적은 내담자의 영혼 구원과 연결되도록 해주는 것이며, 이런 측면에서 기독교 상담의 이론과 방법은 일반 상담의 그것들과 다를 수밖에 없을 것이다. 그러나 더 발전적인 기독교 상담을 위하여 일반 상담의 이론들을 무시해서는 안 된다는 것이 요즈음 신학자들의 주장이다. 즉 신학과 심리학의 통합이론이 기독교 상담을 위한 새로운 프로그램으로 떠 오르고 있다.

기독교 상담과 일반 상담의 일반적인 차이를 정리하면 아래와 같다.

첫째, 기독교 상담은 더 효과적인 상담을 위하여 심리학을 필요로 하되 기독교 상담의 기초는 성경이다.

둘째, 일반적으로 기독교 상담은 영적인 상처와 구원에 관심을 가지고, 일반 상담은 인간의 삶에서 드러나는 인생문제와 해결에 중점을 둔다.

기독교 상담의 필수요인

기독교 상담자들이 비 기독교인이든, 기독교인이든 사람들을 상담할 때 그들이 하나님의 자녀에 속한다는 정체감을 형성하도록 도와야 할 것이며, 나는 하나님께 소속되어 있으며, 따라서 하나님과 관련된 모든 것을 신뢰할 수 있다는 것을 느낄 수 있도록 하여야 할 것이다. 이에 기독교 상담학자인 Kirwan(2007)은 기독교 상담자들은 내담자들에게 소속감을 전달하여야 한다고 하였으며, 그가 주장한 소속감을 형성하는데 필요한 요인들을 아래와 같이 정리하였다.

a) 공감

누군가를 도와주는 과정은 무엇보다 먼저 공감으로 시작한다. 자신의 가치관과는 상관없이 자신을 다른 사람의 처지에 놓아보고 세상을 그 사람이 보듯이 바라보아야 한다는 것이다. 내담자들이 상담자를 신뢰하게 하기 위해서는 상담자는 내담자들의 말에 귀를 기울이며, 그들이 생각하고 느끼는 것들을 이해해야 한다. 내담자의 논리가 아무리 설득력이 없더라도 상담자는 내담자의 말에 귀 기울여야 한다. 즉 상담자가 내담자에게 관심과 이해심을 주고 내담자의 감정적 경험을 지원하고 격려하는 것이 중요하다.

공감은 그리스도의 삶 전반에 깔려있었다. 그분은 자신이 친히 인간이 되셨기 때문에 인간적 어려움을 이해하셨고, 자신이 스스로 인간의 곤경을 경험하셨고, 우리 자신이 그 형벌을 받지 않게 하기 위하여 인간이 받아야 할 정죄를 견디시고, 십자가 위에서 당당하게 형벌을 받으셨다.

b) 진실성

소속감의 두 번째 필수요인으로 진실성을 들 수 있다. 이것은 상담자들이 내담자들과 관계하면서 곧 자신이 상담자가 되는 것을 의미한다. 상담자는 개방적이며 솔직하고 진실한 사람이어야 한다. 이것은 내담자에게 상처를 주지 않음과 동시에 자신의 내면을 정확하게 반영함을 의미하며, 여기서 상담자가 진정한 자신을 보여 주어야 한다는 것은 닥치는 대로 분노나 적의를 표현해도 좋다는 것은 아니다. 상담자가 진실하지 않으면 내담자와 친밀감이나 어떤 소속감이 형성되는 것은 불가능하다. 내담자 역시 상담자로부터 진실성을 발견하지 못한다면 그 상담의 효과는 사라질 것이다.

그리스도의 솔직함과 정직함은 그분이 위선자들이라고 부른 바리새인들의 행동과 대조를 이룬다는 것을 잘 알고 있다.

c) 따뜻함

상담자들이 내담자의 부정적인 태도나 행동에 대하여 비판적이기보다는 내담자의 태도와 행동 내면에 있는 것을 보아야 할 것이다. 무엇이 이 사람으로 하여금 부정적이게 하는가에 대하여 스스로 질문을 해 볼 필요가 있다. 내담자에 대한 존중은 내담자의 마음에 초점을 둔다. 내담자의 내부 역동에 대한 이해는 상담자가 내담자의 기본적인 가치를 보는 데 도움을 준다. 상담자는 따뜻함에는 따뜻함으로 반응한다는 것을 알아야 한다. 적대감으로 대하면 역시 적대감이 돌아올 것이다. 특히 존중과 따뜻함은 기독교 메시지의 기본적인 것이다. 하나님의 은혜는 값없이 주어졌다. 인간이 선한 행위나 노력으로 얻는 것이 아니라 그저 자녀에게 보여 주는 하나님의 사랑이다. 그분의 무조건적인 사랑에 대해서 생각해 보면 알 수 있다. 무조건적인 사랑의 은혜는 바로 그리스도의 대속적인 죽음이 잘 말해 준다. 하나님께서 죄인을 무조건적으로 사랑하시는 것처럼 상담자 역시 내담자에 대한 무조건적인 사랑을 보여 주어야 한다. 이로써 내담자가 상담자에게서 그리스도의 사랑을 느낄 수 있게 된다.

2) 기독교 상담이론

본 장에서는 기독교 상담의 이론을 크게 두 가지, 즉 아담스의 권면적 상담이론과 크랩의 성경적 상담이론으로 구분하여 고찰해 보고자 한다.

(1) 아담스의 권면적 상담이론(Nouthetic counseling)

아담스(Jay E. Adams, 1970)는 많은 기독교 학자들이 심리학을 바탕으로 한 상담이론을 배격하고 성경적 방법을 통한 상담이론을 개발하였다. 그가 개발한 권면적 상담이론(Nouthetic counseling)에 대해서 고찰해 보면 다음과 같다.

권면적 상담이론의 개념

아담스는 기독교 상담에서 성경을 보조 자료로 사용하는 식의 성경 활용을 반대하고 성경은 기독교 상담에서 기초가 되어야 한다고 주장하였다. 그는 하나님께서 그의 백성들에게 성경을 통해 말씀하실 뿐 아니라 인간의 모든 문제가 성경을 통해 해결될 수 있기 때문에 상담에서 반드시 성경을 가장 중요하게 활용하여야 한다고 주장하였다. 그는 성경에 합당하지 않은 상담은 없다고 전제하고 성경을 모든 신앙과 인간행동의 표준임을 인정하였다. 그리고 주 예수 그리스도께서 개인적인 문제를 가진 하나님의 자녀를 상담하는데 성경을 통하여 말씀하신다고 하면서, 성경적 상담은 권면적 상담이 되어야 한다고 하였다. 권면적 상담은 주로 바울 서신에 등장하는 그리스어 동사 뉴테레오(Noutheteo)와 명사 뉴테

시아(Nouthesia)에서 유래된 것이다. 그의 권면적 상담은 내담자가 상담자의 의도하는 바를 받아들이지 않고 거부할지라도 강력히 권면함을 뜻하는 것으로 권면에 대한 번역들은 훈계하다, 경고하다, 가르치다 등으로 사용된다.

권면적 상담이 가지고 있는 세 가지의 구성요소는 다음과 같다.

첫째, 권면적 상담은 내담자의 성격과 행동의 변화에 영향을 주어야 할 것이다. 다시 말하면, 항상 문제를 내포하고 있으며 극복해야만 하는 장애물이 있다는 것을 전제로 하고 있다. 이는 내담자의 삶에 어떤 영적인 잘못이 있음을 의미한다.

둘째, 권면적 상담은 문제를 언어적 표현에 의해서 권면적으로 해결한다. 권면적 상담은 내담자의 과거를 상당한 기간 관찰하는 데 관심을 두는 것이 아니라 그 문제점을 토론하여 상담의 초점이 문제를 해결하고, 잘못된 것을 바로잡으려 함에 있음을 의미한다.

셋째, 권면적 상담은 하나님의 영광과 사랑을 알게 한다. 그 목적은 장애물을 정면에서 부딪치고 극복하게 하며, 그를 벌주는 것이 아니라 돕는데 있다. 상담자의 도움을 받아 내담자가 변화를 보이는 것은 곧 하나님께 영광이 되는 것이고 이는 곧 하나님의 사랑이다.

권면적 상담의 목적

권면적 상담의 목적은 하나님의 사랑을 실천하는 것이다. 설교와 상담의 목적은 하나님이 명령하신 하나님과 이웃에 대한 사랑의 실천 및 촉진이다. 사랑은 분명히 인간사회의 공동선과 관련된 문제이다. 성경적인 사랑의 정의는 하나님의 명령을 성취하는 것으로 본다. 이러한 권면적 상담의 목적은 성경에 아주 자세하게 기록되어 있으며, 우리 인간으로 하여금 하나님이 원하시는 사랑을 하도록 하신다.

권면적 상담 방법

아담스의 권면적 상담 방법에 대해서 자세히 알아보면 다음과 같다.

(a) 문제에 직면하는 방법

당면하는 문제를 어떻게 다룰 것이냐는 방법의 차이를 가지고 온다. 아담스는 사람들이 문제에 직면하는 유형을 아래 네 가지 방법으로 설명한다.

첫째, 문제를 우회하여 돌아서 가는 것이다. 예를 들어 "그 문제는 큰 것이 아니다. 별로 중요하지 않아, 그 문제를 간단히 피할 수 있어" 등의 말로 표현 가능할 수 있다.

둘째, 문제의 가장자리를 스치듯 지나는 것이다. "이 문제는 결코 원치 않는 것이다. 이 문제는 내가 원하는 것이 아니야"라는 말이 될 수 있을 것이며, 이것은 문제를 잘못 해결하게 하여 그 사람이 문제를 벗어나게 한다.

셋째, 문제에서 되돌아오는 것으로, "그 문제는 간단히 해결되는 것이 아니므로 나는 포기하여야 한다."는 것이다.

넷째, 문제를 향해 돌진하는 것이다. "그 문제는 그리스도를 통하여 해결 가능하다"는 신앙인의 바른 자세이다.

이와같이 그가 말한 네 가지 유형에서 첫 번째에서부터 세 번째

까지 보내는 대응은 문제를 해결하지 않고 그대로 둠으로 하여 문제도 인격도 변하지 않게 한다. 이것은 사람이 문제에 의하여 지배를 당하는 경우에 해당되는 것이다. 반면, 마지막은 문제를 해결하여야 하는 문제 자체로 보고 있다. 모든 문제를 곧 성경적으로 해결하려고 하는데, 이것이 곧 권면적 상담의 실천이다.

문제 해결의 과정

아담스는 문제 해결의 과정으로 다섯 가지 단계를 주장한다.

첫째, 경청하는 것이다. 내담자가 자신의 문제를 호소할 때 상담자는 그 호소를 잘 경청하여야 한다. 내담자로 하여금 자신의 문제를 드러내게 하고 상담자는 이 호소를 경청하여야 한다. 상담 과정에서 이러한 경청이 우선되어야 호소문제어 접근하고, 문제 해결의 방안을 강구할 수 있다.

둘째, 이해하는 것이다. 내담자가 가지고 있는 자신의 문제를 호소할 때 경청 후 문제를 이해하여야 한다. 문제 이해의 기본은 사랑이다. 하나님의 말씀을 기초로 한 사랑이어야 한다. 이러한 이해는 아담스의 '권면적인 개입'의 기초가 되며, 내담자가 현재 안고 있는 호소 문제를 해결하기 위하여 분석하는 계기가 된다.

셋째, 분석하는 것이다. 내담자의 문제를 분류하고 분석하여야 한다. 분석에는 어떤 표준적 기준이 있어야 한다. 상담자나 내담자의 환경이나 특정한 변수를 기준으로 하는 것이 아니고 하나님의 말씀이 곧 기준이 되어야 한다는 것이다. 성경은 하나님의 영광이며 기독교인의 신앙과 생활의 기준이므로 성경말씀을 기본으로 한 분석이 이루어져야 하며, 권면할 수 있다.

넷째, 권면하는 것이다. 권면적 상담은 내담자 문제 해결을 위한 개입을 구체화하여야 한다. 상담자가 내적으로 내담자에 대한 동정심이 있다고 하더라도 상담자의 이런 동정심은 감추는 것이 좋다. 이것은 공감과는 다른 측면이다. 내담자의 문제 해결 및 그 해결을 통한 영적인 삶의 회복을 위한 권면적 상담은 상담자가 적극적으로 하나님의 말씀으로 권면할 필요가 있다.

이와 같이 상담자가 권면적으로 내담자의 문제 해결을 위해 성경을 잘 활용하여야 하며, 성경을 통하여 소망을 주어야 한다. 하나님의 말씀인 성경을 정확하게 이해하고, 해석하며, 적용시킬 수 있어야 내담자의 삶에 변화를 줄 수 있다.

해결하기

상담자는 내담자의 문제 해결을 위하여 권면적으로 개입함으로 인하여 내담자의 인격과 행동에 변화를 통해 문제가 해결되도록 하여야 한다. 이러하여 권면적 상담은 성령과 성경의 역할을 강조하여야 한다. 성령은 보혜사 즉 상담자이며 성경과 삼위일체 하나님이신 성령과는 밀접한 관계가 있다. 이러한 관계에 대한 기본적인 인정은 권면적 상담 과정에서 아주 중요하다고 본다. 성경말씀이 성령으로 조명되면 권면적 상담이 더욱 효과적이고, 자아가 깨어져 성령으로 말미암는 능력 있는 변화의 역사가 일어나는 것이다.

(2) 크랩의 성경적 상담이론

원리와 전제

크랩(Lawrence J. Crabb, 1978) 역시 아담스(Jay E. Adams)와 마찬가지로 1970년대에 성경적 상담접근을 개척한 학자 중 한 사람이다. 크랩은 상담이 필요한 사람들은 비성경적인 감정들이 그 사람들을 지배하여 영의 생각을 가린 경우가 대부분이라고 주장한다. 비성경적인 감정들은 비성경적인 행동에서 나오고, 비성경적인 행동은 비성경적인 생각에서 나오기 때문에, 근본적으로 비성경적인 사고방식을 깨뜨리고 성경적인 또는 영적 사고방식으로 전환시켜야 만이 성경적인 행동과 성경적인 감정이 나온다고 주장하였다. 이와 같이 크랩에게 있어서 상담의 중심과제 중의 하나는 내담자의 비성경적 사고 구조를 성경적인 사고 구조로 전환시키는 것이라고 제안하였다.

크랩은 그의 상담이론에서 특별히 신학과 심리학의 관계에 대해서

첫째는 분리적 접근이다. 이 접근은 신학과 심리학은 그들 자신의 언어체계와 개념의 틀을 가지고 서로 다른 세계를 관계시키는 것이다. 이 방법은 인간과 관련된 것에 있어서 두 개로 '분리되거나 동등한' 트랙을 가지고 있다고 생각한다. 이 접근법에서는 기독교의 신학과 신앙에 동의하면서 인간의 삶의 모든 '비종교적' 국면은 심리학적 관점에 의해서 영향을 받을 수 있다.

둘째는 혼합적 접근으로 신학과 심리학 양자가 자기 입맛에 맞게 무비판적으로 서로의 자료들을 섞거나 혼합하는 것이다. 크랩에 따르면 이것은 대부분의 기독교 상담자나 전문가들이 채용하고 있는 방법이다.

셋째는 배타적 접근이다. 이 접근에서 신학은 심리학의 유용성을 거부한다. 이 접근법은 심리학적인 통찰을 무시하고 인간을 종교적 측면에서만 다룬다. 이 종교적 측면은 인간의 삶에서 심리학적 통찰력이 전혀 개입되지 않는 오직 종교적 통찰력과 관점에 의해서 만들어진다. 기독교 상담법이나 치료법은 성경적 권면, 충고, 그리고 하나님의 은총 이외의 그 어떤 것에도 근거해서는 안 된다.

넷째는 통합적 접근이다. 이 접근법에서는 기독교인들은 심리학을 다루는데 주의 깊고 신중한 분별력을 가져야 하며, 이 분별력으로 상담에 대한 처방들을 제시하기 전에 설명된 심리학적 통찰들을 세심하게 연구하여야 한다. 이 접근은 기독교의 신학적 정체성을 분명히 하면서 심리학적 통찰을 필요에 따라 자기 체질화시킬 수 있다고 하였다.

상담목표

크랩은 상담의 궁극적 목표는 내담자들로 하여금 그리스도를 닮는 삶에 두어야 한다고 하였다. 곧 상담의 목표는 그리스도인의 성숙이다. 크랩은 결론적으로, 성경적 상담의 목표는 상담자가 내담자들로 하여금 '풍성한 예배의 경험과 보다 효과적인 봉사의 삶을 살도록 도움으로써 그리스도인들의 성숙을 증진시키는 것'이라고 이해했다. 그는 성숙을 두 가지 영역으로 구분하였는데, 첫째는 넓은 의미에서 그리스도인의 성숙은 일관된 성경적 방식으로 어떤 문제되는 환경에 즉시 대처하는 능력이며 둘째는 그리스도의 성품에 기초한 내면적인 성품을 발전시키는 것이라고 하였다. 다시 설명하면, 크랩은 성경적인 상담의 목표는 내담자가 내적인 새로움,

쇄신된 사고와 지각방식, 변화된 목표 그리고 변화된 성격으로 더 나은 길을 가는 데에 도움이 되도록 상담의 목표가 계획되어야 한다는 것이다.

유형과 방법

크랩은 상담에서 기초를 제공해주는 세 가지 단계의 유형을 제시하였으며 각 단계의 특징에 대해서 자세히 알아보면 다음과 같다.

첫 번째 단계의 유형은 '격려' 상담이라고 할 수 있다. 내담자의 감정을 보다 적극적으로 방향을 제시해 주는 것을 목적으로 하는 후원과 격려의 사역인 것이다. 그것은 그리스도의 몸에 속한 모든 구성원들에 의하여 수행될 수 있다.

두 번째 단계의 유형은 '권면'에 의한 상담이다. 이 단계의 상담은 성경에 대한 지식과 상담 기술이 필요하다. 친밀한 관계를 형성할 수 있는 능력, 감정을 정확히 파악할 수 있는 능력, 그리고 내담자의 요구에 민감하게 반응할 수 있는 능력이 필요하다.

세 번째 단계의 유형은 '교화'에 의한 상담으로 알려져 있다. 이 상담의 열쇠는 사람의 사고를 변화시켜 주시는 성령 즉 하나님의 사역으로 정의하였다. 이 때문에 상담자의 역할은 그리스도 안에서 사는 것이 의미가 있으며, 안전하다고 하는 진리를 성령께서 마음에 깨닫게 하여 주도록 하는 도구로서의 기능인 것이다. 성경적 상담에서 이 단계의 상담은 필연적으로 수반하여야 한다.

이와 같이 크랩은 상담을 통하여 내담자는 '깨달음'에 도달하도록 하는 것이 중요하다는 견해를 보이며, '깨달음'에 대한 상담 모델을 다음과 같은 일곱 단계로 다시 설명하였다.

첫 번째 단계는 문제되는 감정들을 확인하는 것이고,

두 번째 단계는 문제가 된 행동을 확인해야 하며,

세 번째 단계는 문제가 되는 그릇된 사고를 확인하며,

네 번째 단계는 성경적 사고를 명백히 밝히는 것이며,

다섯 번째 단계는 확실한 약속 또는 결단을 하도록 하며,

여섯 번째 단계는 성경적 행동을 계획하고 수행하는 것이고.

마지막인 일곱 번째는 성령이 역사하는 감정들을 확인하는 단계이다.

크랩이 제안한 위와 같은 상담 유형과 모델은 내담자로 하여금, 하나님이 그의 생각을 바로잡아 주시고, 모난 부분을 다듬어 주시고, 내담자가 그리스도 예수를 따를 때 진정으로 의미 있는 삶을 향유할 수 있다는, 신앙적이고 그리스도 중심적인 변화와 성숙을 목표로 하는 상담이라 할 수 있다.

성경적 상담 영역

크랩의 성경적 상담 방법은 성경을 통하여 (성부, 성자, 성령 하나님) 내담자들의 마음을 치유하는 것이다. 그러므로 크랩의 상담 방법은 죄 혹은 마음의 문제로 힘들어하는 내담자 예를 들면, 특정한 형태의 좌절을 겪고 있는 자, 잘못된 죄의식에 사로잡혀 있는 자 및 왜곡된 관계 가운데 있는 자 등에게 효과적이라고 할 수 있다.

(3) 시워드 힐트너의 치유적 상담이론

목회 상담학자 시워드 힐트너는 그의 저서 『목회상담 원론』에서 치유에 대해 다음과 같이 표명하였다.

치료의 정의

인간을 완전한 것으로 회복시키고 그를 이전의 상태 이상으로 나아지도록 인도해줌으로써 어떤 손상을 극복할 것을 목표로 삼는다.

치료의 대상

결함: 백치, 신체장애, 정신지체 장애자 등.

침해: 유행성 또는 전염병에 대한 사회적 불안.

왜곡: 사실과 다르게 해석하거나 바로 보지 못함으로써 사회생활의 어려움이 있다.

결심

여러 중요한 사건에 대해서 분명하고 확실한 지식을 가지고 의식적으로 사물을 선택한다는 말이다.

치료와 죄―죄가 자기에게 있다고 확신하는 자체가 치료의 진행을 동반하고 있다.

마음의 치료

인간에게 있는 원죄로 말미암아 두려움과 불안과 상처로 인한 분노, 열등감 등 마음속에 있는 병을 치료해야 한다.

지탱(유지-Supporting)

상처 입은 사람을 도와서 이전 상태로의 회복이나 병으로부터의 회복이 거의 불가능하게 보이는 상황을 인내하고 극복하게 하는 것이다. 용기를 북돋아 준다.

위로와 지탱-위로 편지 등 위로함으로써 지탱에 도움을 준다.

지탱의 방법-기도와 하나님의 말씀으로 지탱할 수 있게 한다.

지탱을 위한 신앙과 의심-믿음으로 끝까지 이겨 내고 의심하지 말아야 한다.

지탱과 치료-지탱과 치료가 동시에 일어나야 한다.

희망-하나님께서 계시므로 고칠 수 있다는 희망을 갖고 임한다.

인도(Guidance)

혼란에 빠진 사람으로 행동과 사고의 사이에서 확신 있는 선택을 할 수 있도록 돕는다.

목회로서의 인도-상처를 싸매주고 유지하게 해주고 하나님께로 인도한다.

목회 신학과 도덕 신학-예수 그리스도 안에서 하나님을 사랑하고 네 이웃을 사랑하라.

목회로서의 인도의 표준-하나님의 말씀을 인도의 표준으로 삼아야 한다.

도출하는 인도-강요하거나 설득하는 것이 아니라 피상담자 스스로 깨달아 일어설 수 있도록 인도한다.

정신적 지도- 기도나 명상을 통해서 생활의 도움을 받으려 할 때.

어려움을 겪고 난 후에 새 삶을 살아 보려고 할 때.

인도에 있어서의 내부적인 것과 외부적인 것—상담자는 피상담자를 이해하고 존경하며 자신의 성장과 발전의 기회로도 생각해야 한다.

결론
인도는 피상담자의 아픔을 제거해 주고 그가 자력으로 일어서게 하는 것이다.

6장

구원받는 그리스도인이 되려면

6장
구원받는 그리스도인이 되려면

1) 마귀의 일

"죄를 짓는 자는 마귀에게 속하나니 마귀는 처음부터 범죄함이니라 하나님의 아들이 나타나신 것은 마귀의 일을 멸하려 하심이니라."(요일 3:8)

마귀의 목적은 에덴동산에서부터 하나님의 형상대로 지으신 아담이 하나님의 명령을 불순종하여 땅으로 쫓겨 가게 하고, 아담의 후손인 인간들을 공략하여 타락시키고, 분열시켜서 서로 미워하게 하며, 자기의 종으로 삼아 괴롭히고, 끝까지 용서하지 못하고 원망하다가 지옥으로 끌고 가려는데 있다.

사단은 하나님이 세상을 창조하시기 전부터 하나님을 찬양하던 영적 존재이다. 그러나 천사 루시퍼는 교만하여 하나님과 같이 되려는 반역을 행하려다 하나님을 찬양하는 영광의 자리에서 쫓겨나서, 공중의 권세 잡은 자가 되어 하나님의 형상대로 지으신 사랑하시는 자들을 대적하고 회유하여 하나님을 믿지 못하게 하고, 지옥으로 몰고 가는 역할을 맡게 되었다.

"너 아침의 아들 계명성이여 어찌 그리 하늘에서 떨어졌으며 너 열국을 엎은 자여 어찌 그리 땅에 찍혔는고 네가 네 마음에 이르기를 내가 하늘에 올라 하나님의 뭇 별 위에 나의 보좌를 높이리라 내가 북극 집회의 산 위에 좌정하리라 가장 높은 구름에 올라 지극히 높은 자와 비기리라 하리라 그러나 이제 네가 음부 곧 구덩이의 맨 밑에 빠치우리로라."(사 14:12-15)

아담을 죄로 타락하게 한 마귀는 인간을 죄책감, 열등감, 원망, 시기, 질투, 미움, 불평, 용서하지 않음, 원수 갚음 등 원죄를 가지고 땅으로 쫓겨나서 자범죄를 지면서 불행하게 살다가 지옥으로 끌고 가려 하지만, 하나님은 세상 죄를 지고 가신 영원하신 구원자 예수 그리스도를 통하여 믿는 모든 자들을 말씀으로 약속하신 보석성의 영원한 생명으로 인도하신다.

"그러므로 예수께서 자기를 믿은 유대인들에게 이르시되 너희가 내 말에 거하면 진리를 알지니 진리가 너희를 자유케 하리라."(요 8:31-32)
"예수께서 이르시되 내가 곧 길이요 진리요 생명이니 나로 말미암지 않고는 아버지께로 올 자가 없느니라."(요 14:6)
"그러므로 아들이 너희를 자유케 하면 너희가 참으로 자유하리라"(요 8:36)

이 세상은 인간이 이성으로 생각할 수 없는 영적 전쟁이 곳곳에서 일어나고 있음에도 인간들은 그것이 영적인 마귀의 계책인 것을 알지 못한다.

"여호와여 어찌하여 멀리 서시며 어찌하여 환난 때에 숨으시나이까."(시 10:1)
"악인은 그 교만한 얼굴로 말하기를 여호와께서 이를 감찰치 아니하신다 하며 그 모든 사상에 하나님이 없다 하나이다."(시 10:4)

이제 하나님의 사람들은 마귀에게 빼앗겼던 영혼을 진정으로 회개하고, 말씀과 성령으로 완전히 회복하여, 마귀의 괴롭힘에서 벗어나서 하나님께서 주시는 평강을 누리며, 성령의 기름으로 불을 밝히고, 신랑을 기다리는 신부가 되어 주님 다시 오실 날을 기다려야 한다.

마귀의 공략 노선

"근신하라 깨어라 너희 대적 마귀가 우는 사자같이 삼킬 자를 찾나니."(벧전 5:8)

인간의 삶이 힘들고 고단한 것은 아담으로부터 온 원죄 때문이다. 시기하고, 질투하고, 서로 미워하고, 이해하지 않고, 용서하지 않고, 원망하며 사는 동안에는 마귀는 우리 마음에 주인이 되어 카인이 저질렀던 것과 같이 형제를 시기하고, 미워하여 죽이고, 변명하게 되는데 그것은 마귀가 가장 기뻐하는 것이며, 마귀에게 사로잡힌 육신에 속한 사람은 마귀의 밥이 되어 마귀의 노예로 죄를 지으면서, 고통하며 살게 된다.

"너희 자신을 종으로 드려 누구에게 순종하든지 그 순종함을 받는 자의 종이 되는 줄을 너희가 알지 못하느냐 혹은 죄의 종으로 사망에 이르고 순종의 종으로 의에 이르느니라."(롬 7:16)

다른 사람이나 여러 가지 상황을 이해하지 못하고 자기 본위로 생각하여 용서하지 못한 마음의 상처는 더러운 오물과 같아서 사람의 마음에 웅덩이를 파고들어 앉는다. 그리고 다른 사건이라도 거기다 넣어서 더 상처는 커지고 점점 더 깊어져서 자신을 괴롭히고, 상황을 바로 보지 못하게 하고, 자기 속에 있는 악한(원망과 미움) 마음으로 다른 사람도 보게 된다.

마귀->노끈으로 묶는다. -> 밧줄로 묶는다. -> 쇠사슬로 묶는다. -〉 점점 암흑가운데로 끌고 들어간다. -〉 암흑가운데 가두어 놓고 절대로 나가지 못하게 한다. -〉 계속 그 안에서 쳇바퀴를 돈다. -〉 우울증이 된다.

상처를 준 사람을 용서하지 못하고, 원망하고 미워하며 우울증이 되고, 우울증이 깊어지면 신경증 등 성격장애(열등감, 낮은 자존감, 피해의식, 죄책감, 분노, 시기, 질투 등)의 병리 현상이 나타난다. 그리고는 일생 동안 정신병원을 드나들며 마귀에게 이끌려 점점 폐인이 되어 간다.

위내시경으로 본 약하고 부드러운 위장의 내부를 생각해 보자. 그 위장에 염증이 있는데 맵고 짠 것 등 자극적인 음식물이 계속 들어갈 경우 염증은 더욱 심해지고 위궤양으로 발전하여 암의 근원이 된다. 속히 식생활을 개선하고 위를 보호해 주지 아니하면 어떻게 건강한 위를 회복할 수 있겠는가? 위내시경으로 자기의 위장의 상태를 아는 것 같이 자기의 영적 상태가 어느 지경에 있는지 하나님의 영으로 우리에게 거울이 되시는 하나님의 말씀에 비추어 알아야 한다. 상처로 인해서 만신창이가 된 피폐한 영혼이 자유를 얻으려면 하나님의 성령과 능력의 말씀으로 치유 받고, 죄악의 여리고 성이 무너져 내려야 한다. 마귀의 쇠사슬에서 풀려야 한다. 그리고 빛 되신 예수님 앞으로 나와야 한다.

"저가 빛 가운데 계신 것 같이 우리도 빛 가운데 행하면 우리가 서로 사귐이 있고 그 아들 예수의 피가 우리를 모든 죄에서 깨끗하게 하실 것이요."(요일 1:7)

"하나님께 감사하리로다 너희가 본래 죄의 종이더니 너희에게 전하여 준 바 교훈의 본을 마음으로 순종하여 죄로부터 해방되어 의에게 종이 되었느니라."(롬 6:17-18)

하나님의 자녀가 되고 구원받은 그리스도인은 상처가 있다고 하더라도 상처는 자랑할 것도 아니고, 동정할 것도 아니고, 일생에 조금도 도움이 되지 않을 뿐 아니라 병들고 어둡고 불행한 삶을 약속한다. 우리가 자신을 불쌍히 여기고 동정하며 상처가 자리 잡도록 허용하면 인간의 원죄와 마귀는 합동작전으로 인간을 파멸의 구렁텅이로 밀어 넣고, 마귀는 창을 들고 계속 찔러대며 자기들의 작전을 즐거워하고 기뻐하며 춤을 춘다는 것을 상상해 보라.

인간의 상처는 완전히 마귀의 영역이며, 마귀가 즐기는 놀이터이다. 사람들이 마귀라는 말을 싫어하며 자기와 관계없는 무섭고 더러운 것으로 생각한다. 그러나 상처로 고통하며 오랫동안 용서하지 않고 어둠에서 괴로워하는 것은 마귀를 사랑하고 동고동락하는 것이다. 자기에게 상처가 있다고 깨달았을 때 더 깊이 들어가기 전에 급히 하나님께 구하고 회개하고 하나님께 돌이켜야 한다. 남을 원망하는 것은 자기에게 아무 도움이 되지 않는다. 자기를 돌아보아야 한다.

자기에게 상처가 있다고 깨달았을 때 더 깊이 들어가기 전에 급히 돌이켜야 한다. 남을 원망하는 것은 자기에게 아무 도움이 되지 않는다. 자기를 돌아보아야 한다.

예수 그리스도의 십자가의 보혈은 믿는 모든 자의 원죄와 자범죄 뿐 아니라 우리의 모든 상처까지도 다 씻어 주셨다. 상처는 상처를 준 상대를 용서하지 못하고, 자기가 억울하다고 계속해서 생각하며, 미워하며 원한을 갖기 때문에 더 깊이 자리를 잡는다.

인간은 당연히 죄가 있다고 생각하고 '인간인지라' 하고 항상 자기 연약함에 대해서는 비호하면서, 다른 사람들의 연약함에 대해서도 조금 봐줄 만도 한데 끝까지 원망하며, 더구나 가족 간의 갈등으로 고통 한다. 가족 간에는 섭섭한 마음 때문에 더욱 증오하며, 갈등으로 치달아 고통 하면서도 벗어나려 하지 아니한다. 이미 그들은 상식적인 사고를 가지고 대인관계를 할 수 없게 되는 것이다.

가장 무서운 것이 왜곡이다. 왜곡은 사실이 아니다. 사단은 사실을 왜곡하여 불신하게 하고, 무서운 오해의 늪에 빠지도록 자아가 연약한 자들을 꼬득인다. 왜곡은 상대를 신뢰하지 못하게 하고, 한 번 오해하면 그 상태는 그대로 있는 것이 아니라 오해는 오해를 낳고 반드시 비약하게 되어 정반대의 상태로까지 도달하게 하는 무서운 마귀의 장난이다. 사실이 아닌 전혀 다른 오해를 하면서 혼자 괴로워하고, 미워하고, 증오하는 것이 얼마나 비참한 일이며, 다른 사람들 특히 형제를 신뢰하지 못하는 것은 더욱더 큰 불행이라는 것을 알지 못하는가! 남편과 아내가 서로 신뢰하지 못하면 의부증이 되고, 의처증이 된다. 마귀는 지나친 의심을 주어서 상대방도 괴롭히지만 의심증에 시달리는 본인은 얼마나 괴롭고 정신이 없겠는가! 이것도 지옥이다.

TV에 나온 어느 정신과 의사의 말 '명절이 지나면 가족끼리 싸워서 병원을 찾는 확률이 가장 많다'고 한다. 오랜만에 만나 정을 나누기 위하여 모이는 명절에 싸움이 웬 말인가? 지난 일들을 용서하지 못하고 쌓인 감정과 재산 상속 싸움이리라. 어릴 때를 생각해 보라. 부모님 밑에서 서로 챙기며, 얼마나 살뜰하고 가까운 사이였던가? 이것도 허무하다.

인간이 행복하게 살 수 있는 것은 서로 조금씩 양보하고 서로를 이해하는 것인데 그 사람의 형편은 전혀 생각하지 아니하고 이해하려고 하지 않는다. 인간의 원죄는 상대방도 자기처럼 악하다고 생각하여 악한 말과 행동을 한다. 그래서 더 미워하고 증오한다. 자기가 선하지 않기 때문에 선이 어떤 상태인지 알지 못한다. 얼마나 불쌍한가? 이것은 무섭고 더러운 원죄 때문이며, 원죄를 공격하여 모든 인간을 지옥으로 끌고 가고자 하는 사단의 궤계인 것이다.

하루속히 회개하여 원죄를 씻어내야 당신도 살고 나도 산다는 것을 왜 모르는가? 이 세상 사람들은 자기만 생각하고 다른 사람들을 이해하지 못하고, 미워하고, 용서하지 못하며, 증오하며 지옥같이 살게 하는 원죄를 증오하며, 회개하지 아니한 사람들 안에 들어가서 끝까지 놓지 아니하고 지옥으로 끌고 가는 가증한 마귀를 증오한다. 성령이 아니고는 이 사람은 절대로 깨달을 수 없고 절대로 변화할 수 없다.

하나님께서는 죄를 싫어하시며 모든 하나님의 자녀들이 이 땅에서 거룩하고 완전하기를 바라신다.

"너희는 이스라엘 자손의 온 회중에게 말하여 이르라 너희는 거룩하라 이는 나 여호와 너희 하나님이 거룩함이니라."(레 19:2)

"기록하였으되 내가 거룩하니 너희도 거룩할지어다 하셨느니라."(벧전 1:16)

"그러므로 하늘에 계신 너희 아버지의 온전하심 같이 너희도 온전하라."(마 5:48)

옛사람의 자아가 성령과 하나님의 말씀으로 완전히 깨어져서 원죄가 깨끗하게 씻어지고 세상에서 하나님께로 완전히 돌아서지 아니하면, 마귀는 언제나 기회를 노리고 있다가 남은 부분의 원죄를 공격하여 범죄 하게 하고, 병들게 한다. 하나님의 말씀과 성령으로 아담에게 속한 옛사람의 자아가 완전히 깨어져서 성결(성령충만)하게 되면 마귀가 감히 성결한 하나님의 사람을 공격하지 못한다.

우리가 덜 깨어진 자아를 가지고 구원받았다고 방심하고 있으면 마귀는 당신의 약점을 노리고 반드시 공격하여 자기의 제자로 삼으려고 한다.

육신에 속한 사람(그림 1)은 사단의 지배를 받으므로 상처를 받거나 환경의 어려움을 겪으면 바로 마귀의 공격을 받아 이겨 내지 못하고 마음속에 있는 원죄로 말미암아 용서하지 못하고 미워하고, 증오하며 병이 되어 마귀의 사슬에 점점 묶이게 된다.

어느 우울증 환자의 독백

걱정, 근심, 불안, 계속되는 상상, 시나리오를 쓴다. 중독이 끝나면 금단현상(열병), 있는 것도 없다 하고, 없는 것도 있다 한다. 돌고 도는 쳇바퀴, 물고 무는 올가미 수 차례 반복으로 뇌가 망가진다. 가슴이 내려앉는다. 상습범이 된다. 다시 제 자리로- 범벅, 핑계, 잔꾀, 요행, 변명, 원망, 의심의 먹구름, 끌려들어 간다. 나오기 힘들다. 같이 들어간다. 이것은 바로 마귀의 간계에 의하여 수개월 동안 사지를 헤매다가 하나님의 크신 은혜로 벗어나게 된 어느 여 집사님의 고백이다.

그녀는 지금 하나님의 불쌍히 여기심과 크신 은혜로 성령의 충만함을 받고, 권사님으로 교회에서 신앙생활을 잘하고 있다.

2) 성령으로 옛사람의 자아가 깨어지다

아담의 원죄를 가진 육신에 속한 자연인의 영은 사단이 주장한다. 인간이 하나님께로 돌아가려면 반드시 하나님의 영이신 성령으로 아담에게 속한 옛사람의 자아를 깨트리고 그 영에 들어오시도록 해야 한다.

처음에는 모태 신자나, 전도를 받아 교회에 나가기 시작한 그리스도인도 성령의 인도하심으로 교회에 다니기 시작하지만 차츰 예배에서 말씀에 감화를 받고, 구역이나 여러 가지 교회의 소그룹 활동을 통하여 교인들과 교제하며, 교육을 받고, 봉사하며 교회의 교인으로서 성장하기 시작한다.

어릴 적에 받은 상처로 때로 괴로워하고, 그 상황과 사람을 용서하지 못하고, 성격이 드센 사람은 일생 동안 증오하며, 또 성격이 약한 사람은 트라우마로 남아 자기를 괴롭히게 된다.

전도를 받아들이게 되는 것은 성령으로 자아가 조금은 깨어졌기 때문이다. 교육과 성령의 역사하심으로 조금씩 자아가 더 깨어지고, 말씀을 들을 때도 은혜를 체험하게 된다. 그러나 아직은 세상적인 것을 끊지 못하고, 열심을 낼 수 없는 명목상의 교인으로 교회에 다니게 된다.

육에 속한 그리스도인(자아가 조금 깨어진 사람)

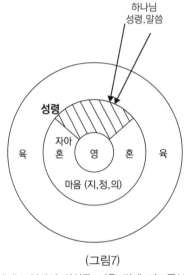

(그림7)

*자아가 완전히 깨어지지 않는다.
*성령을 강력하게 체험하지 않은 모태신자.
*전도를 받아 교회에 등록하여 물세례를 받은 사람.
*회개하지만 완전히 씻어지지 않는다.
*완전히 믿지 못한다.
*교회생활과 하나님을 배워간다.
*명목상의 그리스도인.
*율법에 속한다.
*하나님의 말씀은 어렵고 지키기 힘들다.
*간음하는 불신앙적인 생활.
*성화하지 못한다.

*마귀는 인간의 상처를 더욱 깊게 파고들어 잊지 못 하게 하여 마음에 여러 가지 병이 날 수 있다.
*성령의 인도를 받아 때로 은혜를 체험하지만 성령세례를 받지 못한 사람.
*깨어지지 않고 남은 부분은 사단이 주장한다.

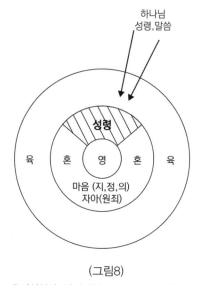

육에 속한 그리스도인
성령세례로 자아가 좀 더 많이 깨어진 사람(중생)

하나님
성령,말씀

성령

육 혼 영 혼 육

마음 (지,정,의)
자아(원죄)

*성령세례를 받고 중생한다.
*신비한 체험. 방언, 병 고침 등
 강력한 외적인 은사를 받는다.
*처음에는 마음의 평안과 기쁨이
 있고, 새 세상을 만난 것 같다.
*전도도 하고 교회 일도 열심히
 한다.
*회개(자범죄)했으나 원죄가 다시
 나타난다.
*자기 안에 영육의 싸움이 계속
 되는 생활. 거듭 패배를 당한다.

(그림8)

*초기성화가 시작되어 초기에는 성령충만이 있지만, 성령충만이 계속되지 않기 때
 문에 완전히 성화 되어 갈 수 없다.
*율법에서 완전히 벗어나지 못한다.
*마귀가 깨어지지 아니한 자아의 원죄를 공격하여 상처를 주고, 계속해서 괴롭히
 면서 죄를 짓게 하여 자기의 종으로 삼는다.
*내적 변화보다 외적 능력을 더 강하게 체험하면, 사단이 이용하여 신비주의에
 빠지거나 이단의 교주가 되기도 한다.

  아담에게서 온 옛사람의 자아가 말씀과 성령으로 깨어져 하나님
의 성령의 능력과 빛이 들어와 중생하였으나, 옛사람의 자아가 완
전히 깨어지지 아니하면 깨어지지 아니한 자아에는 원죄가 남아
있어서 때때로 다시 사단의 지배를 받게 된다. 성령세례를 받았을
때에는 초기성화가 일어나서 전도도 하고 뜨겁게 기도하고 기뻐하

지만 완전히 성화되어 갈 수 없고, 교회에서는 열심 있는 그리스도인인 것 같으나 때로 율법에 속하여 죄를 짓고, 위선적인 그리스도인이 되어 나쁜 냄새를 내게 된다.

"죄가 기회를 타서 그것으로 나를 죽였는지라."(롬 7:11) "나의 행하는 것을 내가 알지 못하노니 곧 원하는 그것은 행하지 아니하고 도리어 미워하는 그것을 함이라 만일 내가 원치 아니하는 그것을 하면 내가 이로 율법의 선한 것을 시인하노니 이제는 이것을 행하는 자가 내가 아니요 내 속에 거하는 죄니라. 내속 곧 내 육신에 선한 것이 거하지 아니하는 줄을 아노니 원함은 내게 있으나 선을 행하는 것은 없노라 내가 원하는 바 선은 하지 아니하고 도리어 원치 아니하는바 악은 행하는도다 만일 내가 원치 아니하는 그것을 하면 이를 행하는 자가 내가 아니요 내속에 거하는 죄니라 그러므로 내가 한 법을 깨달았노니 곧 선을 행하기 원하는 나에게 악이 함께 있는 것이로다 내 속사람으로는 하나님의 법을 즐거워하되 내 지체 속에 한 다른 법이 내 마음의 법과 싸워내 지체 속에 있는 죄의 법 아래로 나를 사로잡아 오는 것을 보는도다 오호라 나는 곤고한 사람이로다 이 사망의 몸에서 누가 나를 건져내랴 우리 주 예수 그리스도로 말미암아 하나님께 감사하리로다 그런즉 내 자신이 마음으로는 하나님의 법을 육신으로는 죄의 법을 섬기노라."(롬 7:15-25)

성령세례로 중생한 그리스도인들도 말씀으로 성령충만(성결)의 두 번째 은혜로 자아가 완전히 깨어지지 아니하면 성령의 완전한 지배를 받지 못하여서, 같은 환경에서 사단의 공격을 받으면 마귀의 묶임에서 자유롭지 못하고 똑같이 묶여 갈 수도 있다.

3) 구원을 위한 기독교 상담에 필요한 하나님의 말씀

구원의 길로 인도하기 위한 하나님 말씀의 중요성

기독교인으로서 구원에 대한 정확한 확신을 가지고 살지 못하는 경우엔, 왜 그들이 기독교인이면서도 예수님이 원하는 구원의 길로 들어가지 못하고 사단의 괴롭힘을 받고 있는가에 대한 이유 및 대처방안 역시 기독교 상담자로서의 과제가 아닐 수 없다. 진실로 구원의 길로 향하기 위해서는 입으로만 주여 주여 할 것이 아니라 주님의 말씀을 따라 주님의 형상을 닮아가는 삶이 필요하지 않을 수 없다. 그것은 인간이 노력한다고 될 수 있는 것이 아니고, 성령의 역사에 의해서 옛사람의 죄 된 자아가 하나님의 말씀으로 완전히 깨어져서 말씀충만, 성령충만 하여 사단이 접근하거나 공격하지 못하는 하나님의 긍휼과 능력으로 성결하게 됨으로만 이루어지는 것이다.

멀랏(2015)은 '기독교 상담을 위해서는 무엇보다 피상담자에 대한 올바른 이해가 중요하며, 인간을 다음과 같이 이해하게 될 때 내담자들의 구원을 위한 기독교 상담은 더욱더 필요하다고 생각한다.'고 하였다.

첫째, 인간은 하나님의 형상으로 지음 받았다.

둘째, 인간은 죄로 인하여 타락했다.

셋째, 인간은 성령의 역사로 변화할 수 있다.

결과적으로 위와 같은 인간에 대한 사고는 내담자들을 구원의 길로 인도하기 위한 기독교 상담의 필요성을 제안하고 있다.

김용태(2007)는 『기독교 상담학』에서 '하나님의 구원의 역사는 인간에 대한 치료의 역사이다. 즉 하나님의 치료는 성육신, 대속, 회복을 통하여 이루어진다.'라고 하였다.

첫째로 하나님은 인간을 사랑하심으로 인간 세상에 죄 없으신 사람으로 오셔서(성육신) 인간과 관계를 회복시키셨다.

둘째는 하나님은 예수를 인간의 죄를 대속하기 위하여 십자가에 달려 죽게 하셨다. 예수그리스도의 대속은 모든 믿는 자의 원죄를 단번에 씻어 주셨다.

셋째로 하나님은 인간의 신분을 회복시켜 주셨다. 예수님을 믿음으로 에덴동산에서 죄짓기 전의 거룩한 하나님의 백성으로 회복시키신다.

기독교 상담이란 위에서 언급하였듯이 내담자들이 예수 그리스도 안에서 기독교 복음을 올바로 깨달아 믿음으로 응답하고, 성령으로 말미암아 하나님과 인격적 관계를 통하여 이웃과 세상을 향해 섬김의 자세로 책임 있는 삶을 살아가는 성숙된 인간상을 형성하는 데 그 목적을 둔다.

육에 속한 그리스도인으로서 성령세례로 중생하여 은혜를 체험했으나, 첫 번째 성령세례만으로는 자아가 완전히 깨어져서 깨끗하게 씻어지지 아니하기 때문에 원죄가 남아 있어서 죄를 회개했지만 다시 죄를 짓고, 사단의 공격과 미혹을 완전히 벗어나지 못한다.

영적 치유란 사단의 공격과 여러 가지 문제로 고통당하는 내담자들이 하나님의 말씀을 통하여 두 번째 성령의 역사하심으로 자아가 완전히 깨어져 깨끗하게 씻어짐으로 성결한 그리스도인이 되어 원죄에서 벗어나 그리스도 닮은 삶을 영위할 수 있게 되는 것을 의미한다. 성결하지 아니하면 거룩하신 하나님께서 원하시는 이 땅에서의 거룩한 삶을 살 수 없고, 구원을 받을 수 없다.

하나님께서는 하나님의 자녀들이 거룩하고 성결하여, 모두가 서로 사랑하며 아름다운 삶을 이어감으로써 이 땅에서도 천국이 이루어지기를 원하시는 것이다. 그러므로 성경에 여러 번 "내가 거룩하니 너희도 거룩하라"고 말씀하셨고 우리를 거룩하게 하시려고 그 아들 예수 그리스도를 죄 있는 이 땅에 보내셔서 우리가 갚을 수 없는 원죄와 지금까지 지은 모든 죄를 대신 갚아 주신 것이다.

비기독교인에게는 먼저 예수님을 만나게 하는 것이 더 우선되어야 하는데 즉 전도함으로 그가 살아계신 하나님의 진리 안에 있는 기쁨을 알 수 있도록 기도와 함께 권하고, 성령으로 예수님의 실체를 만날 수 있도록, 말씀을 가르치고 권면해야 한다.

그가 교회 생활을 하면서 봉사 생활과 기도 생활과 하나님의 말씀이 깊이 그 마음에 들어오게 될 때 먼저 성령세례로 옛사람의 자아가 반절 이상 깨어지고, 주 안에서 성령의 은사와 기쁨과 평안과 감사를 체험하고, 그다음에 두 번째 은혜인 하나님의 말씀으로 말미암는 성결한 삶의 중요성을 언급할 것이며, 성결한 삶이 마귀를 쫓아내고 진정한 구원의 길로 인도함을 안내하여야 할 것이다.

대부분의 기독교인들은 성령세례와 외적인 성령의 은사로 초기 성화가 시작되면 구원이 다 이루어진 줄 알고 기뻐하지만 그 초기 성화는 오래 가지 않고, 또 이대로는 완전한 구원에 이를 수 없고 자아에 남아 있는 옛사람의 원죄로 말미암아 옛사람의 모습이 다시 나타나서 말씀에 온전히 순종할 수 없으므로 회개하지만, 다시 죄를 짓게 된다.

반드시 두 번째 성령의 역사인 말씀충만으로 말미암는 성령충만으로만 옛사람의 자아가 완전히 깨어져 원죄가 깨끗하게 씻어짐으로써, 완전한 성화가 이루어져서 구원에 이르게 된다. 이것이 곧 우리를 완전한 구원에 이르게 하는 '기독자 완전 '(요한 웨슬리) 곧 성결인 것이다.

구원의 길로 인도하기 위한 기독교 상담에 적용할 수 있는 성경 말씀

"하나님이 세상을 이처럼 사랑하사 독생자를 주셨으니 이는 저를 믿는 자마다 멸망치 않고 영생을 얻게 하려 하심이니라."(요 3:16).

"하나님은 모든 사람이 구원을 받으며 진리를 아는데 이르기를 원하시느니라."(딤전 2:4)

"진실로 진실로 네게 이르노니 내 말을 듣고 또 나 보내신 자를 믿는 자는 영생을 얻었고 심판에 이르지 아니하나니 사망에서 생명으로 옮겼느니라."(요 5:24)

"너희의 허물과 죄로 죽었던 너희를 살리셨도다 그 때에 너희가 그 가운데서 행하여 이 세상 풍속을 좇고 공중의 권세 잡은 자를 따랐으니 곧 지금 불순종의 아들들 가운데서 역사하는 영이라, 전에는 우리도 다 그 가운데서 우리 육체의 욕심을 따라 지내며 육체와 마음의 원하는 것을 하여 다른 이들과 같이 본질상 진노의 자녀이었더니 긍휼에 풍성하신 하나님이 우리를 사랑하신 그 큰 사랑을 인하여 허물로 죽은 우리를 그리스도와 함께 살리셨고 너희가 은혜로 구원을 얻은 것이라."(엡 2:1-5)

"다른 이로서는 구원을 얻을 수 없나니 천하 인간에 구원을 얻을 만한 다른 이름을 우리에게 주신 일이 없음이니라 하였더라."(행 4:12)

"곧 우리가 원수 되었을 때에 그 아들의 죽으심으로 말미암아 하나님으로 더불어 화목되었은즉 화목 된 자로서는 더욱 그의 살으심을 인하여 구원을 얻을 것이니라."(롬 5:10)

"그가 찔림은 우리의 허물을 인함이요 그가 상함은 우리의 죄악을 인함이라 그가 징계를 받음으로 우리가 평화를 누리고 그가 채찍에 맞음으로 우리가 나음을 입었도다 우리는 다 양 같아서 그릇 행하여 각기 제 길로 갔거늘 여호와께서 우리 무리의 죄악을 그에게 담당 시키셨도다."(사 53:5-6)

"그러나 너희가 이제는 죄에게서 해방되고 하나님께 종이 되어 거룩함에 이르는 열매를 얻었으니 이 마지막은 영생이라 죄의 삯은 사망이요 하나님의 은사는 그리스도 예수 우리 주 안에 있는 영생이니라."(롬 6:22-23).

"네가 만일 네 입으로 예수를 주로 시인하며 또 하나님께서 그를 죽은 자 가운데서 살리신 것을 네 마음에 믿으면 구원을 받으리라."(롬 10:9).

"내가 문이니 누구든지 나로 말미암아 들어가면 구원을 얻고 또는 들어가며 나오며 꼴을 얻으리라"(요 10:9).

"예수께서 이르시되 내가 곧 길이요 진리요 생명이니 나로 말미암지 않고는 아버지께로 올 자가 없느니라."(요 14:6).

"그러므로 자기를 힘입어 하나님께 나아가는 자들을 온전히 구원하실 수 있으니 이는 그가 항상 살아서 저희를 위하여 간구하심이니라."(히 7:25).

"또 증거는 이것이니 하나님이 우리에게 영생을 주신 것과 이 생명이 그 아들 안에 있는 그것이니라 아들이 있는 자에게는 생명이 있고 하나님의 아들이 없는 자에게는 생명이 없느니라."(요일 5:11-12).

"예수께서 대답하시되 진실로 진실로 네게 이르노니 사람이 물과 성령으로 나지 아니하면 하나님 나라를 볼 수 없느니라."(요 3:5).

"자기의 육체를 위하여 심는 자는 육체로부터 썩어진 것을 거두고 성령을 위하여 심는 자는 성령으로부터 영생을 거두리라."(갈 6:8).

"나더러 주여주여 하는 자마다 천국에 다 들어갈 것이 아니요 다만 하늘에 계신 내 아버지의 뜻대로 행하는 자라야 들어가리라."(마 7:21).

"이로써 그 보배롭고 큰 약속을 우리에게 주사 이 약속으로 말미암아 너희로 정욕을 인하여 세상에서 썩어질 것을 피하여 신의 성품에 참예하는 자가 되게 하려 하셨으니 이러므로 너희가 더욱 힘써 너희 믿음에 덕을 덕에 지식을 지식에 절제를 절제에 인내를 인내에 경건을 경건에 형제 우애를 형제 우애에 사랑을 공급하라 이런 것이 너희에게 있어 흡족한 즉 너희로 우리 주 예수 그리스도를 알기에 게으르지 않고 열매 없는 자가 되지 않게 되려니와 이런 것이 없는 자는 소경이라 멀리 보지 못하고 그의 옛 죄를 깨끗케 하심을 잊었느니라 그러므로 형제들아 더욱 힘써 너희 부르심과 택하심을 굳게 하라 너희가 이것을 행한즉 언제든지 실족하지 아니하리라 이같이 하면 우리 주 곧 구주 예수 그리스도의 영원한 나라에 들어감을 너희에게 넉넉히 주시리라."(벧후 1:4-11).

이와 같이 구원의 확신이 없던 내담자로 하여금 구원의 확신과 성결한 삶을 살아가는 데 도움을 주고, 동시에 구원의 길로 인도하는 기독교 상담자는 확고한 구원의 확신과 복음의 진리로 내담자를 사랑하며, 이해하며, 하나님만이 상한 심령을 온전하게 치유하실 수 있다는 믿음을 가지고, 성령의 도우심과 인도하심을 간구하며 상담을 해야 할 것이다.

이러한 구원의 역사가 일어나도록 인도하는 역할을 하는 사람이 기독교 상담자라 볼 수 있다. 기독교인으로 입으로만 시인하여도 구원의 길로 들어갈 것으로 믿는 사람들에게 진실로 구원이란 무엇인가에 대한 해답을 기독교 상담자들은 성경말씀에서 찾도록 해 주어야 한다.

"너는 이스라엘의 온 회중에게 말하여 이르라 너희는 거룩하라 이는 나 여호와 너희 하나님이 거룩함이니라."(레 19:2).

"그러므로 이제 그리스도 예수 안에 있는 자들에게는 결코 정죄함이 없나니 이는 그리스도 예수 안에 있는 생명의 성령의 법이 죄와 사망의 법에서 너를 해방하였음이라 율법이 육신이 연약하여 할 수 없는 그것을 하나님은 하시나니 곧 죄를 인하여 자기 아들을 죄 있는 육신으로 보내어 육신에 죄를 정 하사 육신을 좇지 않고 영을 좇아 행하는 우리에게 율법의 요구를 이루어지게 하셨느니라 육신을 좇는 자는 육신의 일을 영을 좇는 자는 영의 일을 생각하나니 육신의 생각은 사망이요 영의 생각은 생명과 평안이니라."(롬 8:1-6)

"하나님의 말씀은 살았고 운동력이 있어 좌우에 날선 어떤 검보다도 예리하여 혼과 영과 및 관절과 골수를 찔러 쪼개기까지 하며 또 마음의 생각과 뜻을 감찰하나니 지으신 것이 하나라도 그 앞에서 없고 오직 만물이 우리를 상관하시는 자의 눈앞에 벌거벗은 것같이 드러나느니라."(히 4:12-13)

"너희가 거듭난 것이 썩어질 씨로 된 것이 아니요 썩지 아니할 씨로 된 것이니 하나님의 살아있고 항상 있는 말씀으로 되었느니라."(벧전 1:23)

"모든 성경은 하나님의 감동으로 된 것으로 교훈과 책망과 바르게 함과 의로 교육하기에 유익하니 이는 하나님의 사람으로 온전케 하며 선한 일을 행하기에 온전케 하려 함이니라."(딤후 3:15-16).

"여호와의 말씀의 순결함이여 흙 도가니에 일곱 번 단련한 은 같도다."(시 12:6).

"그 후에 말씀하시기를 보시옵소서 내가 하나님의 뜻을 행하러 왔나이다 하셨으니 그 첫째 것을 폐하심은 둘째 것을 세우려 하심이니라 이 뜻을 좇아 예수 그리스도의 몸을 단번에 드리심으로 말미암아 우리가 거룩함을 입었노라."(히 10:9-10).

"오직 너희를 부르신 거룩한 자처럼 모든 행실에 거룩한 자가 되라 기록하였으되 내가 거룩하였으니 너희도 거룩할 지어다 하셨느니라 외모로 보지 않고 각 사람의 행위대로 판단하시는 자를 너희가 아버지라 부른즉 너희의 나그네로 있을 때를 두려움으로 지내라."(벧전 1:15-17).

"그러므로 하늘에 계신 너희 아버지의 온전하심과 같이 너희도 온전하라."(마 5:48)

"오직 성령의 열매는 사랑과 희락과 화평과 오래 참음과 자비와 양성과 온유와 충성과 절제니 이 같은 것을 금지할 법이 없느니라."(갈 5:22-23)

"악은 어떤 모양이라도 버리라 평강의 하나님이 온전히 너희를 거룩하게 하시고 또 너희의 영과 몸과 혼이 우리 주 예수 강림하실 때에 흠 없게 보전되기를 원하노라."(살전 5:22-23)

"너희는 유혹의 욕심을 따라 썩어져 가는 구습을 쫓는 옛사람을 벗어 버리고 오직 심령으로 새롭게 되어 하나님을 따라 의와 진리의 거룩함으로 지으심을 받은 새 사람을 입으라."(엡 4:22-24)

"그런즉 사랑하는 자들아 이 약속을 가진 우리가 하나님을 두려워하는 가운데서 거룩함을 온전히 이루어 육과 영의 온갖 더러운 것에서 자신을 깨끗케 하자."(고후 7:1)

"여호와의 율법은 완전하여 영혼을 소성케 하고 여호와의 증거는 확실하여 우둔한 자로 지혜롭게 하며 여호와의 교훈은 정직하여 마음을 기쁘게 하고 여호와의 계명은 순결하여 눈을 밝게 하도다 여호와를 경외하는 도는 정결하여 영원까지 이르고 여호와의 규례는 다 의로우니 금 곧 정금보다 더 사모할 것이며 꿀과 송이 꿀보다 더 달도다 또 주의 종이 이로 경계를 받고 이를 지킴으로 상이 크니이다."(시 19:7-11)

"평안을 너희에게 주노니 곧 나의 평안을 너희에게 주노라 내가 너희에게 주는 것은 세상이 주는 것 같지 아니 하니라 너희는 마음에 근심하지 말고 두려워하지도 말라."(요 14:27)

"항상 기뻐하라 쉬지 말고 기도하라 범사에 감사하라 이는 그리스도 예수 우리 주 안에 있는 하나님의 너희를 향하신 뜻이니라."(살전 5:16-18)

"그러므로 예수께서 자기를 믿은 유대인들에게 이르시되 너희가 내 말에 거하면 참 내 제자가 되고 진리를 알지니 진리가 너희를 자유케 하리라."(요 8:31-32)

"우리가 알거니와 우리 옛사람이 그리스도와 함께 십자가에 못 박힌 것은 죄의 몸이 멸하여 다시는 우리가 죄에게 종노릇 하지 아니하려 함이니 이는 죽은 자가 죄에서 벗어나 의롭다 하심을 얻었음이니라."(롬 6:6-7)

"대저 하나님께로서 난자마다 세상을 이기느니라 세상을 이긴 이김은 이것이니 우리의 믿음이니라."(요일 5:4)

"하나님께로서 난 자마다 범죄치 아니하는 줄을 우리가 아노라 하나님께로서 나신 자가 저를 지키시매 악한 자가 저를 만지지도 못하느니라."(요일 5:18)

"그러므로 너희는 하나님의 거룩하고 사랑하신 자처럼 긍휼과 자비와 겸손과 온유와 오래 참음을 옷 입고 누가 뉘게 혐의가 있거든 피차 용서하되 주께서 너희를 용서하신 것과 같이 너희도 그리하고 이 모든 것 위에 사랑을 더하라 이는 온전하게 매는 띠니라."(골 3:12-14)

"사랑은 오래 참고 사랑은 온유하며 투기하는 자가 되지 아니하며 사랑은 자랑하지 아니하며 교만하지 아니하며 무례히 행치 아니하며 자기의 유익을 구치 아니하며 성내지 아니하며 불의를 기뻐하지 아니하며 진리와 함께 기뻐하고 모든 것을 참으며 모든 것을 믿으며 모든 것을 바라며 모든 것을 견디느니라."(고전 13:4-7)

"오직 너희는 택하신 족속이요 왕 같은 제사장들이요 거룩한 나라요 그의 소유된 백성이니 이는 너희를 어두운 데서 불러내어 그의 기이한 빛에 들어가게 하신 자의 아름다운 덕을 선전하게 하려 하심이라."(벧전 2:9).

"모든 사람으로 더불어 화평함과 거룩함을 좇으라 이것이 없이는 아무도 주를 보지 못하리라."(히 12:14).

다들 보아 헤럴드(2017)는 그의 블로그에서 사람들을 향해 '하나님의 영이 감동 주는 삶을 지금 있는 곳에서 행하라'고 하였다. 이는 곧 언젠가 성결한 삶을 살 것으로 계획하는 것이 아니라 지금 여기에서부터 바로 성결한 삶을 시작하라는 것이다. 성결한 삶을 사는 데 내일부터라는 것은 없다. 더구나 죽을 때에라는 것은 너무나 우리 죄를 위하여 이 땅에 오셔서 고통당하시고 돌아가신 하나님의 아들 예수 그리스도의 대속의 은혜와 의미를 가볍게 여기는 무책임한 생각인 것을 회개하고 돌이켜야 한다.

"모세의 법을 폐한 자도 두세 증인을 인하여 불쌍히 여김을 받지 못하고 죽었거든 하물며 하나님 아들을 밟고 자기를 거룩하게 한 언약의 피를 부정한 것으로 여기고 은혜의 성령을 욕되게 하는 자의 은혜의 성령을 욕되게 하는 자의 당연히 받을 형벌이 얼마나 더 중하겠느냐 너희는 생각하라."(히 10:28-29)

우리는 그리스도의 대속으로 죄 씻음 받고, 두 번째 은혜인 말씀 충만, 성령 충만으로 성결한 그리스도인이 되면 평강이 임하여서 자동적으로 다른 사람들의 잘못을 용서하게 되고 성령의 열매로 예수님의 모습을 닮아가며 마음에 갈등이 일어나지 않는다.

지금 참된 기독교인으로서 하나님의 성령이 말씀으로 함께 하시는 삶, 즉 성결한 삶을 살 수 있도록 성령으로 인도하고, 기독교 상담자들은 내담자들을 격려하여야 할 것이다. 그리고 성결한 삶은 곧 그들을 참된 구원의 길로 인도할 것으로 권면하여야 할 것이다.

성경에 가득한 하나님의 말씀으로 성결의 은혜 가운데 사는 사람은 결코 사단의 유혹이나 공격을 받지 않는다.

"그의 계명들을 지키는 자는 주 안에 거하고 주는 저 안에 거하나니 우리에게 주신 성령으로 말미암아 그가 우리 안에 거하시는 줄을 우리가 아느니라."(요일 3:24)

4) 기독교 상담자의 자질

기독교 상담자는 먼저 성령세례로 중생의 은혜를 체험하고, 두 번째 하나님의 말씀으로 성결의 은혜에 들어감으로써 자기의 상처가 치유함을 받은 사람이어야 한다.

벤너(Benner, 1987)는 기독교 상담자는 '하나님의 용서를 체험하고, 이해할 수 있는 사람이어야 한다'고 주장하였다. 내담자를 위로하고 말씀 안에서 인도해감으로써 자기도 주님 안에서 성장할 수 있는 좋은 기회가 됨을 알아야 할 것이다. 기독교 상담자가 사람들로 하여금 성결한 삶을 통하여 구원의 길로 인도할 수 있게 하기 위하여 갖추어야 할 자질은 다음과 같다.

첫째, 상담자는 내담자를 이해하기 위하여 내담자의 수준으로 자신을 낮추어야 하며, 내담자가 위로를 받고 자기의 마음, 감정, 사건, 비밀 등을 말하도록 한다.

둘째, 상담자는 어느 정도 내담자의 짐을 나누어짐으로써 고통에서 벗어나도록 도울 수 있어야 한다. 이러한 과정에서 상담자가 내담자에게 정보제공, 직면, 숙제를 내어 주는 등 과정에서 내담자는 고통에서 차츰 벗어나게 된다.

셋째, 상담자는 내담자를 회복시키면서 성장하도록 도와야 한다. 그 과정에서 예수님의 사랑을 깨닫고, 지금까지 지은 죄를 성령으로 거듭나는 체험을 통해 새로운 삶의 방식과 사고를 바꾸고 신앙생활을 시작하도록 돕는다.

넷째, 말씀, 기도 및 예배로 내담자가 항상 성령 안에서 승리하는 그리스도인으로 자라가게 하여야 한다. 이런 자질은 특히 본 연구에서 가장 중요한 기독교 상담사의 자질로 볼 수 있을 것이다.

결론적으로 기독교 상담자는 비기독교이든 기독교인이든 하나님은 죄로 죽을 수밖에 없는 인간을 사랑하시어서 자기 아들을 죄 있는 육신으로 보내어 육신에 죄를 정 하사 성령 안에서 믿는 모든 자들의 율법의 요구를 대신 이루어주셨다는 사실을 수용해야 한다. 그리고 성결한 그리스도인들은 다시 원죄를 가지고 자범죄를 질 수 없는 거룩한 하나님의 자녀라는 사실을 알고, 상담에 임하여야 할 것이다.

5) 한국 기독교 상담학의 역사와 전망

유영권의 『기독(목회)상담학』에 보면 '한국의 기독(목회)상담학은 1999년대를 정점으로 괄목할만한 성장을 경험하였고 2000년부터는 각 신학대학에서 기독상담학이 가장 높은 경쟁률을 보이는 전공으로 부상하였다. 기독상담과 관련된 학회들이 창립되어 활동하고 있으며 여러 종류의 상담 기관들이 설립되어 상담 서비스를 제공하고 있다. 각 교회에서 기독(목회)상담학에 대한 특강들이 개설되고 평신도들도 상담에 대한 관심을 높여가고 있는 상황이다' 라고 하였다.

7장

그리스도 안에서의
완전한 치유와 자유

7장
그리스도 안에서의
완전한 치유와 자유

하나님께서는 이미 원죄로 말미암은 우리의 죄와 상처를 예수 그리스도의 십자가의 보혈로 다 씻어 주셨다는 것을 믿고, 마귀에게서 해방되었다는 것을 믿어야 한다. 그리스도께서 죄 없는 몸으로 이 땅에 오셔서 인간을 위하여 대신 죽으신 것은 우리가 믿음으로 마귀와 죄를 떠나서 이 땅에서도 거룩하게 살다가 하나님 나라에서 영원히 살게 하려 하심이다.

"오직 너희를 부르신 거룩한 자처럼 너희도 모든 행실에 거룩한 자가 되라 기록하였으되 내가 거룩하니 너희도 거룩할지어다 하셨느니라."(벧전 1:15-16)

"하나님이 세상을 이처럼 사랑하사 독생자를 주셨으니 이는 저를 믿는 자마다 멸망치 않고 영생을 얻게 하려 하심이니라 하나님이 그 아들을 세상에 보내신 것은 세상을 심판하려 하심이 아니요 저로 말미암아 세상이 구원을 받게 하려 하심이라."(요 3:16-17)

"그러므로 이제 그리스도 예수 안에 있는 자에게는 결코 정죄함이 없나니 이는 그리스도 예수 안에 있는 생명의 성령의 법이 죄와 사망의 법에서 너를 해방하였음이라 율법이 육신으로 말미암아 연약하여 할 수 없는 그것을 하나님은 하시나니 곧 죄를 인하여 자기 아들을 죄 있는 육신의 모양으로 보내어 육신을 따르지 않고 영을 따라 행하는 우리에게 율법의 요구를 이루어지게 하셨느니라 육신을 따르는 자는 육신의 일을 영을 따르는 자는 영의 일을 생각하나니 육신의 생각은 사망이요 영의 생각을 생명과 평안이니라."(롬 8:1-6).

"만일 너희 속에 하나님의 영이 거하시면 너희가 육신에 있지 않고 영에 있나니 누구든지 그리스도의 영이 없으면 그리스도의 사람이 아니라."(롬 8:9)

1) 자기에게 상처가 있고 상처로 인한 병리 현상이 있다는 것을 자각해야 한다.

기독교인은 자기 앞에 천국 길과 지옥 길이 있다는 것을 잘 안다. 하지만 우리가 지금처럼 상처를 잊지 못하고, 괴로워하며 마귀에게 묶여 살다가는 지옥 길로 갈 것은 뻔한 일이다. 우리가 가고 있는 길이 어느 길인지 확실히 알지 못하면 어떻게 천국으로 가는 옳은 길을 선택할 수 있겠는가? 사랑하는 자식이 잘못된 길로 가고 있는 것을 내가 안다면 어떻게 '어찌되는지 보자' 하고 방관하고 있을 수 있겠는가? 모든 부모는 자신이 어떠한 희생을 감수하고라도 자식이 옳은 길을 선택할 수 있도록 인도하려고 할 것이다. 그러나 자기는 잘못된 길에 서 있다는 것을 알면서도 어찌 돌아서려고 하지 않는가?

하나님께서도 자녀인 우리가 잘못된 길에 서 있기를 원치 아니하시며, 평안하고, 건강하고, 성결하고 행복하기를 바라시는데 우리는 상처투성이의 추하고 병든 몸으로, 어떻게 거룩하신 하나님 앞에 나아가 구원받을 수 있겠는가?

"너희는 너희가 하나님의 성전인 것과 하나님의 성령이 너희 안에 계 시는 것을 알지 못하느냐 누구든지 하나님의 성전을 더럽히면 하나님 이 그 사람을 멸하시리라 하나님의 성전은 거룩하니 너희도 그러하니 라."(고전 3:16-17)

대부분의 사람들은 자기가 상처로 인하여 정신적으로 병이 있 고, 사단의 괴롭힘을 받고 있다는 것을 알지 못하며 인정하지 않으 려고 한다. 그것으로 인해서 인격에 장애가 오고, 대인관계와 사회 생활에 어려움이 생기는 무서운 결과가 온다는 것을 감지하지 못 한다.

자아가 하나님의 말씀과 성령으로 완전히 깨어져 죽지 아니하 면, 변화되지 않은 자아가 마음으로는 선하기를 원하지만 자기가 잘못된 길에 있는지, 자기감정의 상태는 어느 정도인지 잘 알지 못 하고 또 알려고도 하지 않게 되어 사단의 인도를 받아 하나님이 원 하시지 아니하는 악을 따라 행하게 된다. 모든 것을 남의 탓으로 투사하며, 자기를 돌아보지 아니하며, 자기의 모습을 점검하려고 하지 않는다. 마귀는 우리의 급소를 잘 알고 있다. 항상 기회를 엿 보고 있다가 각자의 급소를 공격하여 과거의 나의 억울함과 분노 를 부추기면서 어두움으로 끌고 들어가기 시작한다.

먼저 성령 안에서 내가 어디에 있는지 급하게 현재의 자기를 돌 아보아야 한다. 과거가 중요한 것이 아니라 현재가 중요하므로 현 재의 자기를 알아차려야 한다. 불행한 과거에 대한 집착은 멸망의 길로 인도하는 지옥문 앞이라는 것을 알아야 하며, 마귀가 자녀가 대학에 합격하기를 기원하는 어머니들처럼 지옥의 대문에 엿을 부치고 여러분이 들어오기를 기다리고 있다는 것을 영적(성령)으로 깨달아야 한다.

> "우리가 함께 일하는 자로서 너희를 권하노니 하나님의 은혜를 헛되이 받지 말라 이르시되 내가 은혜 베풀 때에 너에게 듣고 구원의 날에 너를 도왔다 하셨으니 보라 지금은 은혜 받을 만한 때요 보라 지금은 구원의 날이로다."(고후 6:1-2)

천지를 지으신 전능하신 하나님께로 돌아가서 새사람이 될 수 있는 기회는 언제나 지금이다. 하나님은 언제나 여러분의 SOS를 기다리시고, 어떠한 방법으로든지 구원의 119를 보내주신다는 것을 잊지 말아야 한다.

더 깊이 들어가기 전에 하나님의 도우심을 구하는 간절한 기도를 드리고, 자기가 어느 지경에 처해있는지 확실히 분별할 수 있도록 하나님의 긍휼하심을 눈물로 간구해야 한다.

주여! 나를 불쌍히 여기소서, 주여! 나를 살려 주소서!

2) 상처를 준 사람들과 사건들을 이해하고 용서하고 불쌍히 여겨야 한다.

◇어떻게 용서할 수 있는가?

인간이 살아가는 동안에 말할 수 없는 심한 상처를 받을 수 있다. 그러나 하나님 안에 있는 자는 예수 그리스도의 십자가의 사랑으로 용서하고, 한발 물러서서 불쌍히 여기고, 성령과 말씀으로 치유 받아 새살이 돋아나면, 더 하나님의 말씀을 의지하게 되고, 그 상처는 점점 희미해져서 생각나지 않게 되어 기쁨과 감사함으로 긍정적인 삶을 살 수 있게 된다. 주 안에서 자유와 참 평화를 얻게 되는 것이다.

자아가 완전히 깨어져서 성령이 주장하시는 성결한 그리스도인은 우울증에 걸릴 수도 없고, 사단이 그를 더 이상 끌고 다니며 괴롭힐 수도 없고, 증오의 늪에 더 이상 빠져 있을 수도 없으며, 감언이설로 유혹하거나 거기 더 오래 머무를 수도 없기 때문에 마음이 평안하고, 감사하면서 살 수 있게 된다.

그러나 혼자서 오랫동안 어두움 가운데서 마귀의 지배를 받으며 괴로워하며 나락의 경험을 한 사람은 결코 빛으로 나오기가 쉽지 않다. 마귀가 놓아 주지도 않으려니와 은혜 안에서 빛 가운데서 정상적으로 감사하면서 사랑하면서 평화로운 삶을 살기가 어려운 것이다.

처음부터 상처 안에 깊이 들어가서 탄식하며, 슬퍼하며, 분노하며, 용서하지 못하면 사단이 그를 사로잡아 노끈으로 묶기 시작하고, 묶이기 시작하면 노끈은 밧줄이 되고, 꽁꽁 묶여 이리저리 끌고 다니다가 점점 절망과 증오의 늪에 빠지게 되어 헤어 나오기 힘들게 되며, 사단은 그의 상처 위에 자리를 잡고 그가 그 상처의 늪에서 헤어 나오지 못하도록 병든 그의 자아 위에 원망과 미움과 억울함으로 나중에는 쇠사슬로 묶어 증오의 늪 속에 점점 빠지게 하여, 오랜 우울증으로 성격의 여러 가지 장애가 오고, 깊이 좌절하여 자살하기도 한다. 주께서 우리를 용서하신 것같이 빨리 회개하고 용서해야 한다.

그런 사람들의 마음속은 진흙탕과 같아서 그의 입에서는 항상 남을 비방하며, 모든 사건을 왜곡하여 비난한다. 그의 속마음은 얼마나 불안하겠으며, 평안할 수 없고, 감사할 수도 없으며, 옆에 사람들까지 불안하게 하며, 자식들에게도 전이되어 사단의 괴롭힘을 받게 된다.

"항상 기뻐하라 쉬지 말고 기도하라 범사에 감사하라 이는 그리스도 예수 안에서 너희를 향하신 하나님의 뜻이니라."(살전 5:16-18)

"내 계명은 곧 내가 너희를 사랑한 것 같이 너희도 서로 사랑하라 하는 이것이니라."(요 15:12)

◇ 무조건적인 용서

창 45:4-5

"요셉이 형들에게 이르되 내게로 가까이 오소서 그들이 가까이 가니 가로되 나는 당신들의 아우 요셉이니 당신들이 애굽에 판자라 당신들이 나를 이곳에 팔았으므로 근심하지 마소서 한탄하지 마소서." 요셉은 형들에게 팔려 애굽에서 종살이하며 누명을 쓰고 감옥에서 고생할 때에 형들에 대한 억울함과 미움의 상처가 얼마나 컸겠는가? 그러나 요셉은 그의 형들을 무조건적으로 용서하고 있음을 보고 우리는 감동을 받으며, 그 결과 아버지와 온 형제들이 함께 화해하고, 온 가족이 애굽에서 기근을 면하고, 민족이 크게 번창하게 되는 놀라운 이스라엘의 역사가 이어지게 된다.

첫째, 억울하고 도저히 이해할 수 없는 일이 있었다고 해도 모든 인간은 죄 때문에 에덴동산에서 쫓겨난 악하고, 약하고, 흙으로 만든 어리석고, 미련한 자들이며, 에덴동산으로부터 마귀의 조종을 받는 불쌍한 자들임을 기억해야 한다. 하나님의 사람들인 우리가 회개하여 구원받은 자들이라면, 회개하지 못한 불쌍한 자들을 용서하지 못하고 미워함으로써, 자기가 스스로 상처의 우물 속으로 더 깊이 빠져 들어갈 수는 없다. 그리고 함께 지옥으로 걸어 들어갈 수는 없다.

둘째, 예수 그리스도께서 나의 죄 때문에 죽으시고 내 죄를 다 용서하셨다. 그 예수님은 사망을 이기시고 약속대로 3일 만에 부활하셨다. 우리는 우리 죄를 위하여 대신 죽으시고 부활하신 예수님을 믿는 하나님의 자녀이다. 부활하신 예수님은 하나님 우편에서 지금도 우리를 위하여 기도하고 계신다. 그리고 그 예수님은 내 죄를 용서해 주신 것같이 내 원수의 죄도 용서하시고, 그를 위해서도 깊은 탄식으로 기도하고 계신다는 것을 기억해야 한다.

셋째, 하나님은 우리를 대적하는 사단보다 훨씬 크신 분이시다.

"나는 너희에게 이르노니 너희 원수를 사랑하며 너희를 핍박하는 자를 위하여 기도하라 이같이 한즉 하늘에 계신 너희 아버지의 아들이 되리니 이는 하나님이 그 해를 악인과 선인에게 비취게 하시며 비를 의로운 자와 불의한 자에게 내리우심이니라."(마 5:44-45)

하나님이 우리의 주인이시며, 우리의 아버지라는 것을 잊지 말아야 한다. 그분이 우리가 이웃을 용서함으로써 마귀의 공격을 물리치기를 바라고 기대하신다.

"그때에 베드로가 나아와 가로되 주여 형제가 내게 죄를 범하면 몇 번이나 용서하여 주리이까 일곱 번까지 하오리이까 예수께서 이르시되 네게 이르노니 일흔 번의 일곱 번이라도 할지니라."(마 18:21-22)

(마 18:23-34 일만 달란트 탕감받은 자가 일백 데나리온 빚진 자를 탕감해 주지 않은 사건의 비유)

"너희가 각각 중심으로 형제를 용서하지 아니하면 내 천부께서도 너희에게 이같이 하시리라."(마 18:35)

"누가 누구에게 불만이 있거든 서로 용납하여 피차 용서하되 주께서 너희를 용서하신 것 같이 너희도 그리하고 이 모든 것 위에 사랑을 더하라 이는 온전하게 매는 띠니라."(골 3:13-14)

우리가 죽을 수밖에 없는 죄를 그리스도의 보혈로 용서받았다고 하면서 그 죄가 일만 달란트보다 적다는 말인가? 원죄를 가진 불쌍한 인간이 내게 한두 번 지은 잘못으로 그를 미워하고 분노하며, 많은 사람들이 심지어 '죽여 버리겠다.'고 거리낌 없이 말하는 것들을 가슴 아프게 듣는다. 많은 사람들이 '죽여 버리고 싶다'라는 말을 너무 쉽게 말한다.

우리나라 사람들은 36년간 일본의 속국으로 있었고, 6.25가 있었고, 또 못 살았던 과거가 있어서 그런지 상처가 많고, 특별히 분노가 많은 것 같다.

우리는 사랑의 사도 손양원 목사님의 이야기를 읽고 감동하기도 한다. 그것은 인간으로서는 결코 쉬운 일이 아니고 설명할 수도 없는 일이다. 그러나 손양원 목사님은 두 아들을 죽인 공산당원들을 용서하고 양자로 삼았다고 한다. 이것은 예수님의 마음이 그 속에 계셨기 때문에 할 수 있었던 일이었다. 예수님께서는 십자가 위의 고통스러운 순간에도 자기를 못 박은 병사들을 위하여 '아버지여 저들을 사하여 주옵소서 저들은 자기의 죄를 알지 못하나이다'라고 기도하셨다(눅 23:34). (행 7장 스데반의 기도)

> "너희가 사람의 과실을 용서하면 너희 천부께서도 너희 과실을 용서하시려니와 너희가 사람의 과실을 용서하지 아니하면 너희 아버지께서도 너희 과실을 용서하지 아니하시리라."(마 6:14-15)

우리가 얼마나 과실을 자주 저지르는 약하고 어리석은 자들인가? 하나님께서 우리를 용서하시지 아니하시면 우리가 어찌 영생의 약속을 받고, 어찌 거룩하신 하나님의 자녀가 될 수 있겠는가?

우리는 언제까지 우리 스스로 원수를 갚으려고 이 짧은 생애를 마음에 품고 불행하게 살아야 하겠는가?

"너희를 핍박하는 자를 축복하라 축복하고 저주하지 말라 즐거워하는 자들과 함께 즐거워하고 우는 자들과 함께 울라 서로 마음을 같이하며 높은데 마음을 두지 말고 도리어 낮은데 처하며 스스로 지혜 있는 체하지 말라 아무에게도 악으로 악을 갚지 말고 모든 사람 앞에서 선한 일을 도모하라 할 수 있거든 너희로서는 모든 사람과 더불어 화목하라 내 사랑하는 자들아 너희가 친히 원수를 갚지 말고 하나님의 진노하심에 맡기라 원수 갚는 것이 내게 있으니 내가 갚으리라고 주께서 말씀하시니라 네 원수가 주리거든 먹이고 목마르거든 마시우라 그리함으로 네가 숯불을 그 머리에 쌓아 놓으리라 악에게 지지 말고 선으로 악을 이기라."(롬 12:14-21)

형제간에 다투고 10년, 20년 보지 않고 사는 사람들이 많이 있다고 한다. 그리스도인이라면 형제를 용서하지 못한 마음으로 하나님께 나아갈 수 있으리라고 생각할 수는 없다. 용서할 수 있는 것은 오직 하나님께 용서받고 성령의 씻김을 받아 자유를 얻은 사람만이 성령의 능력으로 할 수 있는 것이다. 용서하지 못하는 사람은 자기도 하나님께 용서받지 못한 사람이다. 이것은 얼마나 무서운 사실인가! 우리 인생은 짧다. 내가 하나님께 용서받지 못했다면, 나의 생명이 이 땅에서 끝나는 날 나는 영원한 불지옥에 들어가야 한다. 얼마나 무서운 일인가!

자끄 뷔숄드는 그의 저서 『완전한 자유, 용서』에서 용서에 대해 다음과 같이 말하였다. 1) 우리의 용서는 하나님 용서의 원인을 제공한다. 2) 우리의 용서는 하나님 용서의 동기가 된다. 3) 우리의 용서는 하나님의 용서를 헤아리는 척도가 된다. 라고 하였다. 용서는 우리에게 완전한 자유를 주는 것이다.

넷째, 우리는 예수님께서 "그러므로 너희는 이렇게 기도하라"고 가르쳐 주신 주기도문을 매일 외우고 있다.

"하늘에 계신 우리 아버지여 이름이 거룩히 여김을 받으시오며 나라에 임하옵시며 뜻이 하늘에서 이루어진 것같이 땅에서도 이루어지이다 오늘날 우리에게 일용할 양식을 주옵시고 우리가 우리에게 죄지은 자를 사하여 준 것같이 우리의 죄를 사하여 주옵시고 우리를 시험에 들게 하지 마옵시고 다만 악에서 구하옵소서 나라와 권세와 영광이 아버지께 영원히 있사옵나이다 아멘"(마 6:9-13) 아멘!

그리고 바로 "너희가 사람의 과실을 용서하면 너희 천부께서도 너희 과실을 용서하시려니와 너희가 사람의 과실을 용서하지 아니하면 너희 아버지께서도 너희 과실을 용서하지 아니하시리라"(마 6:14-15)

기독교인들도 이것을 잘 알지 못하는 것 같다. 과연 용서가 어려운가? 그리고 어찌 항상 죄를 짓는 우리가 용서받기를 원하는가? 하나님이 함께하시면 용서는 내가 하는 것이 아니고, 용서는 어려운 것이 아니다. 아담에게 속한 옛사람의 자아가 성령과 말씀으로 덜 깨어진 육에 속한 사람이나, 육에 속한 그리스도인은 어렵지만 성령과 하나님의 말씀이 주장하시는 성결한 그리스도인이 되면(그 당시는 약간 상처를 받지만) 곧 평안한 마음이 되어 모든 것을 용서할 수 있게 되고, 모든 것을 용서받아 하나님의 백성으로 감사하면서 기쁨으로 살아갈 수 있는 것이다.

◇용서하는 것은

1) 어두움에서 빛으로 나오는 길이며

2) 자기의 묶인 것들의 매듭을 푸는 열쇠이며

3) 종의 문서를 불태워 버리는 것이며

4) 성공의 비결이며 승리의 첩경이며

5) 지옥에서 천국으로 나오는 문이다.

예수님께서 내게 있는 죄와 저주를 용서해 주시려고 빌라도의 법정에서, 비아돌로로자 길 위에서, 또 고난의 십자가 위에서 수치와 고통을 참으신 것을 날마다 기억하고 은혜(성령) 안에서 믿음으로 용서해야 한다. 용서를 사랑하라. 용서를 실천하라.

"나는 너희에게 이르노니 너희 원수를 사랑하며 너희를 핍박하는 자를 위하여 기도하라 이같이 한즉 하늘에 계신 너희 아버지의 아들이 되리니 이는 하나님이 그 해를 악인과 선인에게 비취게 하시며 비를 의로운 자와 불의한 자에게 내리우심이니라."(마 5:44-45)

3) 깊이 회개하여 하나님과의 관계를 회복해야 한다.

아담에게서 온 원죄는 시기, 질투, 원망, 불평, 두려움, 불안, 분노, 용서하지 않음 등 원초적인 것이다. 인간은 원죄로 말미암아 사단의 공격을 받아 여러 가지의 더 악한 자범죄를 짓게 되는 것이다.

◇율법에 속한 자

주서택은 『내적치유와 상담』에서 다음과 같이 언급하였다. 율법이란 하나님이 요구하시는 의와 거룩입니다. 하나님 앞에 나갈 수 있는 기준입니다. 그런데 이 율법의 요구를 다 이룸으로 구원받을 수 있는 사람은 아무도 없습니다. 모든 사람이 죄를 범했고 의인은 없나니 하나도 없습니다. 율법 앞에 설 때마다 자신이 죄인이고, 사망 아래 있고 구원이 필요함을 우리는 절실히 자각하게 됩니다. 율법은 매우 깨끗한 거울과 같습니다. 그래서 그 앞에 설 때 나의 실제 모습이 적나라하게 그대로 보여지는 것입니다. 이처럼 율법이란 선하고 의로운 것입니다. 내가 그 선을 따라가지 못할 뿐 결코 율법 자체가 악하거나 또는 죄를 조장하거나 죄를 명령하지는 않습니다. 이 율법은 우리의 죄를 드러내고 우리를 정죄합니다. 우리가 죄인임을 깨닫게 해주는 것입니다.

그런데 '율법적이다'라는 말은 거울에 비춰진 자기 모습을 보며 자신의 더러움을 자신의 노력으로 깨끗하게 해 보려는 태도를 말합니다. 내 의로운 삶으로 내 노력으로 하나님 앞에 설 수 있는 사람이 되려고 하는 시도입니다. 그러나 성경은 이런 율법적 시도를 통해서는 어느 누구도 하나님의 기준에 부합하는 깨끗함에 도달할 수 없다고 말하고 있습니다.

"모든 사람이 죄를 범하였으니 하나님의 영광에 이르지 못하더니."(롬 3:23)

복음 즉 좋은 소식이란 나 자신의 노력으로는 깨끗해질 수 없지만 예수님의 십자가의 보혈이 우리를 깨끗하게 할 수 있다는 진리입니다. 곧 인간은 결코 할 수 없지만 예수 그리스도의 대속의 보혈의 진리가 하나님의 성령으로 말미암아 믿는 모든 인간에게 율법의 요구를 다 이루어 주시는 것이다. 그것은 곧 성령 안에서의 완전한 자유이며, 완전한 구원, 완전한 사랑의 성결한 그리스도인의 모습이다.

"사람이 의롭게 되는 것은 율법의 행위에서 난 것이 아니요 오직 예수 그리스도를 믿음으로 말미암는 줄 아는 고로 우리도 그리스도 예수를 믿나니 이는 우리가 율법의 행위에서 아니고 그리스도를 믿음으로써 의롭다 함을 얻으려 함이라 율법의 행위로서는 의롭다 함을 얻을 육체가 없느니라."(갈 2:16)

"피차 사랑의 빚 이외에는 아무 빚도 지지 말라 남을 사랑하는 자는 율법을 다 이루었느니라 간음하지 말라 살인하지 말라 도적질하지 말라 탐내지 말라 한 것과 그 외에 다른 계명이 있을지라도 네 이웃을 네 자신과 같이 사랑하라 하신 그 말씀 가운데 다 들었느니라 사랑은 이웃에게 악을 행치 아니하나니 그러므로 사랑은 율법의 완성이라."(롬 13:8-10)

사랑은 모든 율법을 넘어서서 이기는 것이다.

"예수께서 대답하여 가라사대 건강한 자에게는 의원이 쓸데없고 병든 자에게라야 쓸데 있나니 내가 의인을 부르러 온 것이 아니요 죄인을 불러 회개시키러 왔노라."(눅 5:32)

첫째, 에덴동산에서 타락한 인간의 원죄 때문에 사회에 불의와 악이 만연되고, 하나님과 온전한 관계에 있지 아니하면 사단은 인간의 원죄를 미혹하고, 공격하여 살인, 도둑질, 거짓, 음모 등 무서운 자범죄를 짓게 하고, 감사치 못하여 불안과 좌절과 우울증, 자살 등 영원한 멸망으로 이끌어 가기도 한다. 내가 성령세례를 받아 여러 가지 은사를 체험하고 전도도 많이 하였지만 내 속에 아직도 시기하고, 질투하고, 남을 미워하는 마음이 남아 있다면 나에게도 그 원죄가 있다는 것을 자각해야 한다. 이유가 무엇이든 내 속에서 일어나는 모든 악은 우리의 원죄의 죄 성 때문이다. 예수님께서 추하고 더러운(마귀의 속성) 인간의 원죄와 그 저주 때문에 십자가를 지신 것과, 하나님께서 그의 피 값으로 나를 사신 것을 기억하고, 자기 안에 있던 추악한 죄악을 하나님의 말씀(성령)으로 비추어 통회하며, 자복해야 한다. 용서하지 못한 것이 쌓여서 자기에게 쇠사슬이 되어 자기를 묶고, 더러운 진흙탕으로 끌고 다니고 있다는 것을 발견한다면 그 모습은 얼마나 불쌍하며 추하며, 지금 벗어나오지 못한다면 마귀는 자기를 결국 지옥으로 끌고 가고 말 것이라는 것을 깨달아야 한다.

둘째, 마귀의 공격으로 인한 자기의 병리 현상을 알지 못하고, 모든 원인을 다른 사람에게 투사하고 원망하여 열등감, 피해의식, 분노 등 죄악의 늪에 자기를 가두고 나오려 하지 않았던 것을 깨닫고 깊이 회개해야 한다. 자기는 절대 돌아보려 하지 않고, 다른 사람을 원망하고 미워하고 증오했던 것을 진심으로 회개해야 한다.

"비판을 받지 아니하려거든 비판하지 말라 너희의 비판하는 그 비판으로 너희가 비판을 받을 것이요 너희의 헤아리는 그 헤아림으로 너희가 헤아림을 받을 것이니라 어찌하여 형제의 눈 속에 있는 티는 보고 네 눈 속에 있는 들보는 보지 못하느냐 보라 네 눈 속에 들보가 있는데 어찌하여 형제에게 말하기를 나로 네 눈 속에 있는 티를 빼게 하겠느냐 외식하는 자여 먼저 네 눈 속에서 들보를 빼어라 그 후에야 밝히 보고 형제의 눈 속에서 티를 빼리라."(마 7:1-4)

셋째, 회개는 하나님의 크신 축복이다. 진정으로 눈물로서 회개한 자에게는 평안이 있고, 자유가 있고, 사랑이 있다. 회개는 성령의 통로이며 회개하지 않은 자는 하나님을 만날 수 없고, 온전한 회개로 옛사람의 자아가 완전히 깨어지지 아니하면 성령이 임재하셔서 영원히 거하실 수 없으며, 하나님을 부르나 육에 속한 그리스도인으로서 성령의 올바른 인도를 받을 수 없음으로 갈 바를 알지 못하고, 왜곡된 신앙생활을 할 수밖에 없다. 그것을 하루속히 깨닫고 그리스도의 보혈로 완전히 씻김 받기를 간절히 구해야 한다.

넷째, 진정한 회개를 하지 아니하면 하나님의 빛 가운데로 나올 수 없고, 하나님과 교통할 수 없다. 죄는 어두움이요 더러움이기 때문에 빛 가운데 있으면 자기 죄가 드러날 것이 두려워 나오지 않는다. 담대하게 주님의 용서하심을 믿고, 성령의 빛 가운데로 나와서 자기의 죄를 남김없이 고백해야 한다.

오직 성령 안에서 우리에게 주신 하나님의 말씀의 능력으로 심혼 골수를 쪼개고 빛을 비춰주시면 모든 상처도 깨끗이 씻김 받아 흔적도 없이 사라진다. 거룩하신 하나님의 영이 아담에게 속한 원죄를 가진 인간의 심혼 골수를 완전히 쪼개고 들어오시면 상처를 공격하며 끌고 다니던 악한 마귀가 더 이상 하나님의 사람을 괴롭히며 대적할 수 없다.

용서받은 자의 참 평화와 안식은 이 세상의 그 어떤 것과도 비교할 수 없다.

"평안을 너희에게 끼치노니 곧 나의 평안을 너희에게 주노라 내가 주는 것은 세상이 주는 것 같지 아니 하니라 너희는 마음에 근심하지 말며 두려워하지도 말라."(요 14:27)

"예수께서 가라사대 내가 곧 길이요 진리요 생명이니 나로 말미암지 않고는 아버지께로 올 자가 없느니라."(요 14:6)

말씀의 진리를 깨달으면 그 진리는 곧 우리의 영원한 생명이요 우리가 가야 할 길인 것이다.

"빛 가운데 있다 하면서 그 형제를 미워하는 자는 지금까지 어둠에 있는 자요 그의 형제를 사랑하는 자는 빛 가운데 거하여 자기 속에 거리낌이 없으나 그의 형제를 미워하는 자는 어둠에 있고 또 어둠에 행하며 갈 곳을 알지 못하나니 이는 그 어둠이 그의 눈을 멀게 하였음이라."(요일 2:9-11)

"그가 빛 가운데 계신 것 같이 우리도 빛 가운데 행하면 우리가 서로 사귐이 있고 그 아들 예수의 피가 우리를 모든 죄에서 깨끗하게 하실 것이요 만일 우리가 우리 죄를 자복하면 저는 미쁘시고 의로우사 우리 죄를 사하시며 모든 불의에서 우리를 깨끗게 하실 것임이요 만일 우리가 범죄하지 아니하였다 하면 하나님을 거짓말하는 자로 만드는 것이니 또한 그의 말씀이 우리 속에 있지 아니하니라."(요일 1:7-10) "여호와께서 말씀하시되 오라 우리가 서로 변론하자 너희 죄가 주홍 같을지라도 눈과 같이 희어질 것이요 진홍같이 붉을지라도 양털같이 되리라."(사 1:18)

하나님의 자녀로, 왕 같은 제사장으로 인쳐 주신 것을 믿지 못하고, 자기를 사랑하지 못하고, 인정하지 못함으로써 열등감, 낮은 자존감 등으로 오히려 남을 무시하고 비하하는 부끄러운 그리스도인이었던 것을 진심으로 회개하고, 성령이 내주하시어서 말씀 안에서 역사하실 수 있도록 나를 내어 드려야 한다. 바울의 회심처럼 주님의 음성을 듣고, 신령한 빛을 체험하고, 예수님을 믿는 자들을 핍박하던 삶이 180도로 돌이켜서 예수님을 위하여 생명을 바치는 삶으로 회전한 것처럼, 온전히 회개하여 죄를 완전히 버리지 아니하면 180도 돌이키는 삶을 살 수도 없고, 거룩하신 성령이 내주하여 온전히 주장하실 수 없고, 영원한 생명을 얻을 수 없다. 죄를 가지고는 거룩하신 하나님께로 나아갈 수(관계 회복) 없고, 거룩한 천국에 들어갈 수도 없다. 성령과 말씀이 아니고는 결코 진정한 회개로 온전한 자유를 얻을 수 없다.

3세기 청교도 신학자 존. 오웬(2004)의 『죄 죽이기』에 보면 '죄를 정죄하는 세력으로부터 값없는 은혜로 확실하게 자유 함을 받은 신자들은 마땅히 모든 날 동안 자기 속에 있는 죄의 세력을 죽이는 것을 자기의 일로 삼아야 한다. 도움은 반드시 복음과 성령으로 말미암아 주어져야 한다. 육체의 행실들은 그 행실이 나오는 원인부터 죽여야 한다. 신자의 영적인 삶의 활기와 힘과 위안은 육체의 행실을 죽이는 여부에 달려 있다 덜 깨어진 그리스도인은 수시로 나타나는 죄를 죽이기 위해서 '자기들의 죄책감의 세력을 여러 가지 방법으로 억제해 보려 하지만 저희는 승리 없는 전투를 벌이나 평강을 얻지 못하며, 평생 죄의 노예로 사는 것이다.'라고 하였는데 확실하게 성령과 말씀의 은혜로 자유 함을 받은 신자라면 율법의 요구를 십자가에서 해결해 주신 예수 그리스도를 믿음으로 이미 해결함을 받았기 때문에 다시 죄를 죽이기 위하여 애쓸 필요가 없다.

"율법이 육신으로 말미암아 연약하여 할 수 없는 그것을 하나님은 하시나니 곧 죄를 인하여 자기 아들을 죄 있는 육신의 모양으로 보내어 육신에 죄를 정하사 육신을 따르지 않고 영을 따라 행하는 우리에게 율법의 요구를 이루어지게 하셨느니라."(롬 8:3-4)

예수님께서 이미 십자가에서 인간의 원죄뿐 아니라 우리에게 향한 율법의 요구를 다 이루어 주신 것이다.

"내가 율법으로 말미암아 율법을 향하여 죽었나니 이는 하나님을 향하여 살려 함이니라 내가 그리스도와 함께 십자가에 못 박혔나니 그런즉 이제는 내가 산 것이 아니요 내 안에 그리스도께서 사신 것이라 이제 내가 육체 가운데 사는 것은 나를 사랑하사 나를 위하여 자기 몸을 버리신 하나님의 아들을 믿는 믿음 안에서 사는 것이라 내가 하나님의 은혜를 폐하지 아니하노니 만일 의롭게 되는 것이 율법으로 말미암으면 그리스도께서 헛되이 죽으셨느니라."(갈 2:19-21)

존 오웬이 로마서 8:1-2로 정죄에서 자유를 얻은 것만 알고, 로마서 8:3-4에서 율법에서의 자유를 몰랐던 것 같다.

우리는 자유를 얻었고 다시 율법으로 죄에 묶여 고통 할 필요가 없다. 우리는 그리스도로 말미암아 율법에서 벗어났다. 하나님께 다 내려놓고 자유를 얻었음을 믿고, 감사함으로 오늘도 하나님 안에서 평강을 누릴 수 있는 것이다.

바울도 로마서 7장에서 율법으로 고통당하였으나, 예수 그리스도 안에 있는 하나님의 은혜로 말미암아 죄에서 벗어나서 완전한 자유를 얻은 것이다.

"그러므로 이제 그리스도 안에 있는 자들에게는 결코 정죄함이 없나니 이는 그리스도 안에 있는 생명의 성령의 법이 죄와 사망의 법에서 너를 해방하였음이라."(롬 8:1-2)

아직도 온전한 자유를 얻지 못한 육에 속한 그리스도인들은 하나님께 나아와서 하나님의 한없는 긍휼하심을 받고, 말씀으로 옛사람의 자아가 완전히 깨어져서 천국을 경험하면 성령께서 지켜주셔서 마귀가 다시 접근할 수 없고, 다시는 죄와는 상관이 없는 성결한 그리스도인이 될 수 있는 것이다.

"너희는 여호와를 만날만한 때에 찾으라 가까이 계실 때에 그를 부르라 악인은 그의 길을 불의한 자는 그의 생각을 버리고 여호와께로 돌아오라 그리하면 그가 긍휼히 여기시리라 우리 하나님께로 나아오라 그가 너그럽게 용서하시리라."(사 55:6-7)

4) 성령과 말씀으로 완전히 깨어져서 예수님의 모습을 닮아가야 한다.

◇그리스도 안의 완전한 새 사람(성결한 그리스도인)

성령세례로 중생한 사람은 초기성화를 체험했으나 옛사람의 자아가 완전히 깨어져 성령으로 깨끗하게 씻어지지 아니하였기 때문에 어느 정도의 시간이 지나면 원죄가 남아있고 상처가 깨끗하게 치유되지 않았기 때문에 마귀의 도전과 유혹을 받으면 다시 불안과 원망의 어둠 가운데로 끌려 들어갈 수 있다.

그러나 하나님의 두 번째 은혜인 성령의 강권하심으로 하나님 자신이시고, 육신이 되어 오신 예수님 자신이신 말씀으로 인간의 심혼골수를 쪼개고 그의 영 안에 들어오시면, 옛사람의 자아가 완전히 깨어져서 성령충만하고 성결한 그리스도인이 되어 하나님의 완전한 사랑을 깨닫게 되고, 그리스도의 마음을 가지고 다른 사람의 영혼을 사랑하게 된다. 내가 어두움 가운데서 빛 되신 예수님께로 나온 것처럼 저들을 불쌍히 여기며, 그들을 어두움에서 건져내고자 복음을 전하지 않고는 견딜 수 없게 된다.

"태초에 말씀이 계시니라 이 말씀이 하나님과 함께 계셨으니 이 말씀은 곧 하나님이시니라."(요 1:1)

"말씀이 육신이 되어 우리 가운데 거하시매 우리가 그 영광을 보니 아버지의 독생자의 영광이요 은혜와 진리가 충만하더라."(요 1:14)

"하나님의 말씀은 살았고 운동력이 있어 좌우에 날선 어떤 검보다도 예리하여 혼과 영과 및 관절과 골수를 찔러 쪼개기까지 하며 또 마음의 생각과 뜻을 감찰하나니 지으신 것이 하나라도 그 앞에 나타나지 않음이 없고 오직 만물이 우리를 상관하시는 자의 눈앞에 벌거벗은 것같이 드러나느니라."(히 4:12-13)

"그러므로 예수께서 자기를 믿은 유대인들에게 이르시되 너희가 내 말에 거하면 참 내 제자가 되고 진리를 알지니 진리가 너희를 자유케 하리라."(요 8:31-32)

"오직 성령이 너희에게 임하시면 너희가 권능을 받고 예루살렘과 온 유대와 사마리아와 땅 끝까지 이르러 내 증인이 되리라 하시니라."(행 1:8)

성령의 사람이 되면 성령의 열매를 맺게 된다.

"오직 성령의 열매는 사랑과 희락과 화평과 오래 참음과 자비와 양선과 충성과 온유와 절제니 이 같은 것을 금지할 법이 없느니라 그리스도 예수의 사람들은 육체와 함께 그 정과 욕심을 십자가에 못 박았느니라."(갈 5:22-24)

완전히 깨어지고, 완전히 원죄의 쓴 뿌리가 씻어지지 아니하면 사단의 궤계를 막을 수 없다. 모든 상처는 마귀의 과녁이 되어 그 마음에 의심과 좌절과 원망, 분노, 시기, 질투, 곡해, 살의 등 육에 속한 열매를 맺게 한다. 하나님께서는 평안과 위로와 소망과 사랑을 주시며, 예정된 자만이 아니라 모든 사람이 구원받기를 원하신다.

"하나님은 모든 사람이 구원을 받으며 진리를 아는 데 이르기를 원하시느니라."(딤전 2:4)

또한 하나님께서는 자기의 형상대로 지으신 사랑하는 사람들이 이 땅에서 서로 사랑하며 행복하기를 원하시기 때문에 독생자를 우리에게 대속물로 주신 것이다. 하나님의 말씀만이 영으로, 육으로 고통당하는 인간을 에덴동산의 타락 전 하나님 형상의 아름다운 새 사람으로 완전히 고치실 수 있는 것이다.

"너희가 거듭난 것이 썩어질 씨로 된 것이 아니요 썩지 아니할 씨로 된 것이니 하나님의 살아있고 항상 있는 말씀으로 되었느니라 그러므로 모든 육체는 풀과 같고 그 모든 영광이 풀의 꽃과 같으니 풀은 마르고 꽃은 떨어지되 오직 주의 말씀은 세세토록 있도다 하였으니 너희에게 전한 복음이 곧 이 말씀이니라."(벧전 1:23-25)

"모든 성경은 하나님의 감동으로 된 것으로 교훈과 책망과 바르게 함과 의로 교육하기에 유익하니 이는 하나님의 사람으로 온전케 하며 모든 선한 일을 행하기에 온전케 하려 함이니라."(딤후 3:16-17)

"오직 너희를 부르신 거룩한 자처럼 너희도 모든 행실에 거룩한 자가 되라 기록하였으되 내가 거룩하니 너희도 거룩할지어다 하셨느니라."(벧전 1:15-16)

하나님께서는 예수 그리스도께서 우리를 위하여 십자가에 못 박히심으로 우리의 모든 죄를 씻어 주시고 율법에서 건지셨으니 믿는 모든 자들이 현세에서 거룩(성결)하게 되기를 원하신다. 사단에게 묶여있던 우리의 자아가 하나님의 성령과 말씀으로 완전히 깨어져서 씻김을 받아 빛과 생명과 성령의 열매로 (그림 4)와 같이 흘러넘치게 되면 얼마나 아름답겠는가? 그것이 곧 천국이요 하나님께서 원하시고, 주관하시는 성결한 그리스도인 곧 예수 그리스도를 닮은 그리스도인이 되는 것이다.

성결한 그리스도인의 마음은 '의도의 순수성, 감정의 순결성'이라고 요한 웨슬리가 표현하였다.

"너희가 하나님의 성전인 것과 하나님의 성령이 너희 안에 거하시는 것을 알지 못하느냐."(고전 3:16)

"내가 그리스도와 함께 십자가에 못 박혔나니 그런즉 이제는 내가 산 것이 아니요 오직 내 안에 그리스도께서 사신 것이라 이제 내가 육체 가운데 사는 것은 나를 사랑하사 자기 몸을 버리신 하나님의 아들을 믿는 믿음 안에서 사는 것이라."(갈 2:20)

예수 그리스도 앞에 나와서 성령으로 말미암아 하나님의 말씀으로 완전히 깨어져 그 속에서 성결의 영이 흘러넘치게만 되면 모든 정신 질환자들이 치유 받을 수 있다. 모든 정신과 의사들이 말씀으로 성령충만을 받고, 심리학과 병행 치료를 한다면 이보다 더 좋은 치료가 어디 있겠는가? 그들은 구원받고, 기쁨과 감사함으로 자기 일에 자신을 얻고, 하나님이 주시는 평강의 삶을 살 수 있으며 많은 정신 질환자들을 치료할 수 있을 것이다. 그것을 안타깝게도 하나님을 떠나 프로이트 가짜 신에게 묶여있는 정신과 의사들에게 알려주고 싶은 마음이 간절하다.

> "너희는 유혹의 욕심을 따라 썩어져 가는 구습을 쫓는 옛사람을 벗어버리고 오직 너희의 심령이 새롭게 되어 하나님을 따라 의와 진리의 거룩함으로 지으심을 받은 새사람을 입으라."(엡 4:22-24)

완전한 치유
성령충만. 말씀충만한 성결한 그리스도인

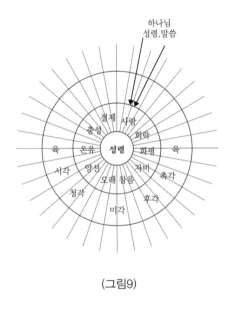

(그림9)

*자아가 성령과 말씀으로 완전히 깨어져서 성령의 열매로 흘러넘치게 된다.
*하나님께 대한 사랑으로 충만하여 충성하며 순복 한다.
*성령이 말씀으로 흘러넘치는 사람.
*하나님께 받은 사랑으로 다른 사람의 영혼을 사랑한다.
*항상 기쁘고 감사한다.
*믿고 기도하면 응답받고 능력도 행한다.
*항상 전도하며 하나님 나라 확장을 위하여 일한다.
*재림의 주님을 기다려야 한다.
*하나님과 성령으로 말씀 안에서 교제한다.

*성령이 하나님의 말씀과 함께하시면 말씀이 생수처럼 배에서 흘러넘친다.

"내가 주는 물을 먹는 자는 영원히 목마르지 아니하리니 나의 주는 물은 그 속에서 영생하도록 솟아나는 샘물이 되리라."(요 4:14)

"명절 끝날 큰 날에 예수께서 서서 외쳐 가라사대 누구든지 목마르거든 내게 와서 마시라 나를 믿는 자는 성경에 이름과 같이 그 배에서 생수의 강이 흘러나리라 하시니."(요 7:37-38)

*실천하는 사랑. 행함 있는 믿음.

"영혼 없는 몸이 죽은 것 같이 행함이 없는 믿음은 죽은 것이니라."(약 2:26)

이렇게 된 사람은 정신질환으로 마귀에게 더 이상 괴롭힘을 받을 수 없다.

어떤 종교가 그 종교의 진리를 믿고 깨달아서 이렇게 될 수 있다고 약속했는가?

오직 성결한 그리스도인은 기쁨과 감사와 말씀과 성령의 충만함으로 그리스도께 충성하며, 이웃을 사랑하며 하나님의 종으로 열정적인 삶을 살아갈 수 있는 것이다.

*때로 고난을 받으나 하나님의 평안을 누리며 항상 행복하다.

"평안을 너희에게 끼치노니 곧 나의 평안을 너희에게 주노라 내가 주는 것은 세상이 주는 것 같지 아니 하니라 너희는 마음에 근심도 말고 두려워하지도 말라."(요 14:27)

*성령의 열매를 맺는다.

"오직 성령의 열매는 사랑과 희락과 화평과 자비와 양선과 오래 참음과 충성과 온유와 절제니 이 같은 것을 금지할 법이 없느니라 그리스도 예수의 사람들은 육체와 함께 그 정과 욕심을 십자가에 못 박았느니라."(갈 5:22-24)

*항상 기뻐하며 감사하며 행복하다.

"항상 기뻐하라 쉬지 말고 기도하라 범사에 감사하라 이는 그리스도 예수 안에서 너희를 향하신 하나님의 뜻이니라."(살전 5:16-18)

(세브란스 병원에 걸려 있는 기도문)

'하나님 때때로 병들게 하심을 감사합니다. 인간의 약함을 깨닫게 해주시기 때문입니다.

고독하고 외로운 것도 감사합니다. 그것은 하나님과 가까워지는 기회가 되기 때문입니다.

일이 계획대로 안 되도록 틀어주신 것도 감사합니다.

그래서 저의 교만이 깨지기 때문입니다.

돈이 떨어지고 사고 싶은 것도 마음대로 못 사게 하신 것도 감사합니다.

눈물 젖은 빵을 먹는 심정을 이해하기 때문입니다.

자식들이 공부를 기대만큼 하지 않고 아내가 미워지고 어머니와 형제들이 짐스러워질 때도 감사합니다. 그래서 그들이 저의 우상이 되지 않게 하기 때문입니다.

때로는 허무를 느끼게 하고 때로는 몸이 늙고 아프게 하심도 감사합니다. 그러므로 인하여 영원을 사모하는 마음을 가지기 때문입니다.

불의와 부정이 득세하는 세상에 태어난 세상에 태어난 것도 감사합니다. 하나님의 의를 사모하기 때문입니다. 제게 잘못하고 저를 비방하는 사람들이 있게 하심도 감사합니다. 그럴수록 더욱 겸손해지려고 더욱 노력하기 때문입니다.

오늘밤 잠 못 이루고 뒤척이게 하신 것도 감사하게 하신 것도 감사합니다. 그래서 고통받는 이웃을 위해 기도할 수 있기 때문입니다.

하나님 그럼에도 불구하고 제게 감사할 수 있는 마음을 주신 것을 더욱 감사합니다'.

정신과 의사는 말한다. 인간의 성격은 절대 변하지 않는다고. 사람의 본성은 여러 가지 굴곡을 겪으면서 나이를 먹으면 젊은 날의 팔팔했을 때보다는 어느 정도 유순하게 바뀔 수는 있지만 원죄의 본성은 아주 없어지는 것은 아니다. 그러나 성령으로 거듭나서 하나님의 사람이 되었으나 완전히 성결하게 되지 아니하면 여전히 옛사람의 모습이 나타나서 완전한 변화를 보일 수 없는 육에 속한 그리스도인으로 나타나지만, 옛사람의 자아가 성령과 하나님의 말씀으로 완전히 깨어져서 성결한 영에 속한 그리스도인이 되면 거룩하신 성령으로 우리는 성령이 거하시는 전이 되어 그 속에 사랑과 희락과 화평과 겸손과 온유가 있으며 오래 참고 무례히 행하지 아니하며 악한 것을 생각하지 아니하고 불의를 기뻐하지 아니하고 진리와 함께 기뻐하며 예전과 전혀 다른 성격으로 바뀌어 질 수 있으며 그 성품으로 살 수 있게 된다.

그리스도인들은 하나님께서 원하시는 사랑으로 말미암아 모두 성격이 그리스도 닮은 그리스도인으로 그렇게 바뀌어야 한다. 하지만 오늘날 너무나도 변화하지 못한 육에 속한 그리스도인들이 많이 있다.

성결한 그리스도인은 말씀과 성령으로 원죄가 깨끗함 받았기 때문에 마귀가 더 이상 원죄를 공격할 수 없고, 더 이상 괴롭힐 수 없다. 예수 그리스도의 보혈로 원죄가 이미 깨끗함 받았으므로 마귀가 공격하여 자범죄를 다시 질 수 없다.

"우리가 알거니와 우리 옛사람이 예수와 함께 십자가에 못 박힌 것은 죄의 몸이 멸하여 다시는 죄에게 종노릇 하지 아니하려 함이니 이는 죽은 자가 죄에서 벗어나 의롭다 하심을 얻었음이니라."(롬 6-7)
"죄가 너희를 주관치 못하리니 이는 너희가 법 아래 있지 아니하고 은혜 아래 있음이니라."(롬 6:14)

"하나님께로서 난자마다 죄를 짓지 아니 하나니 이는 하나님의 씨가 그의 속에 거함이요 저도 범죄치 못하는 것은 하나님께로서 났음이라."(요일 3:9)

"하나님께로서 난자마다 범죄치 아니하는 줄을 우리가 아노라 하나님께로서 나신 자가 저를 지키시매 악한 자가 저를 만지지도 못하느니라"(요일 5:18) 아멘 아멘.

성결한 참 그리스도인은 더 이상 마귀의 공격으로 불안증, 우울증, 신경증, 각종 중독으로 시달릴 수 없고, 오직 하나님의 말씀 안에서 평강과 기쁨과 감사를 누리며, 하나님께 충성하며 살아갈 수 있는 것이다.

5) 성화의 길은 사랑의 길이다.

사랑은 하나님 본체이시고 인간을 향하신 그분의 뜻이며 명령이다.

시내산에서 모세를 통하여 하나님께서는 이스라엘 민족에게 십계명과 613개의 율법을 주셨다(출 20:3-17). 십계명은 1조-4조까지는 하나님에 대한 사랑이고, 5조-10조 까지는 이웃(인간)에 대한 사랑이다.

"예수께서 가라사대 네 마음을 다하고 목숨을 다하고 뜻을 다하여 주 너의 하나님을 사랑하라 하셨으니 이것이 크고 첫째 되는 계명이요 둘째는 그와 같으니 네 이웃을 네 몸과 같이 사랑하라 하셨으니 이 두 계명이 온 율법과 선지자의 강령이니라."(마 22:37-39)

"새 계명을 너희에게 주노니 서로 사랑하라 내가 너희를 사랑한 것 같이 너희도 서로 사랑하라."(요 13:34)

"그의 계명은 이것이니 곧 그 아들 예수 그리스도의 이름을 믿고 그가 우리에게 주신 계명대로 서로 사랑할 것이니라."(요일 3:23)

여호와 하나님의 옛 계명인 구약의 십계명도 사랑이요, 예수 그리스도의 새 계명인 신약도 사랑이다.

하나님께서 믿음의 조상 아브라함을 통하여 이스라엘 민족을 택하시고 언약을 주셨다. 그 계명을 지키는 자들에게는 하나님은 그들의 아버지가 되시고 그들은 하나님의 자녀가 되는 것이다.

"그런즉 너는 알라 오직 네 하나님 여호와는 하나님이시요 신실하신 하나님이시라 그를 사랑하고 그 계명을 지키는 자에게는 천대까지 그 언약을 이행하시며 인애를 베푸시되."(신 7:9)

구약에서는 십계명과 율법(사랑)으로 예수 그리스도를 예시하시고, 신약에서는 예수 그리스도를 보내셔서 믿는 모든 자들에게 새 계명(사랑)을 명령하시고 영원한 생명을 약속하셨다. 그 계명을 지키는 자에게 하나님은 아버지가 되시고 평강과 영생의 축복을 주시는 것이다.

"나의 계명을 가지고 지키는 자라야 나를 사랑하는 자니 나를 사랑하는 자는 내 아버지께 사랑을 받을 것이요 나도 그를 사랑하여 그에게 나를 나타내리라."(요 14:21)

"내 계명은 곧 내가 너희를 사랑한 것 같이 너희도 서로 사랑하라 하는 이것이니라."(요 15:12)

"사랑하는 자들아 우리가 서로 사랑하자 사랑은 하나님께 속한 것이니 사랑하는 자마다 하나님께로 나서 하나님을 알고 사랑하지 아니하는 자는 하나님을 알지 못하나니 이는 하나님은 사랑이심이라 하나님의 사랑이 우리 안에 이렇게 나타난 바 되었으니 하나님이 자기의 독생자를 세상에 보내심은 저로 말미암아 우리를 살리려 하심이니라 사랑은 여기 있으니 우리가 하나님을 사랑한 것이 아니요 오직 하나님이 우리를 사랑하사 우리 죄를 위하여 화목제로 아들을 보내셨음이니라 사랑하는 자들아 하나님이 이같이 우리를 사랑하셨은즉 우리도 서로 사랑하는 것이 마땅하도다 어느 때나 하나님을 본 사람이 없으되 만일 우리가 서로 사랑하면 하나님이 우리 안에 거하시고 그의 사랑이 우리 안에 온전히 이루느니라."(요일 4:7-12)

여기에서 우리는 하나님의 말씀에서 원하시는 그 사랑을 알아야 한다. 하나님은 흠도 티도 없는 성결(거룩, 사랑-평화) 그 자체이시지만 인간은 원죄(원망, 시기, 질투, 미움-갈등) 그 자체이기 때문에 성경 전체에서 인간이 서로 사랑하기를 원하시고 또 명령하셨다. 그러나 원죄로 부패한 인간은 그 마음속에 미움과 시기와 원망으로 가득하여 하나님이 원하시는 사랑을 할 수 없다. 오직 성령이 하나님의 말씀으로 원죄로 가득한 옛사람의 자아를 깨트려서 완전히 깨끗이 씻어 주시지 아니하면 인간은 진정한 사랑을 결코 할 수 없다. 어떤 종교의 수양으로도, 수도사의 몸을 깎는 고통으로도 하나님이 원하시는 그 사랑은 할 수 없는 것이다.

사랑 장이라고 하는 고전 13장에서 진정한 사랑을 바울을 통하여 우리에게 제시하신 것이다. 1절부터 3절까지를 우리는 사랑이라고 생각하고 있지만 거기 있는 은사(방언과 지식)와 봉사와 희생도 4-7절 안에 있는 사랑이 없으면 아무 유익이 없다고 하였다. 곧 하나님이 원하시는 사랑은 인간이 성령으로 마음을 다스려서 예수님처럼 온전하고 아름답고 성결하게 되는 것 곧 예수님의 모습을 닮는 것이다.

지옥에 있는 사람들은 팔이 굽혀져서 자기만 먹고, 천국에 있는 사람들은 팔이 굽혀지지 않아 음식을 다른 사람의 입에 서로 넣어 준다는 말이 있다. 그렇게까지는 안 되더라도 서로 불쌍히 여기고 서로 긍휼을 베풀면 얼마나 아름다우랴!

인간의 노력만으로는 결코 할 수 없으나 옛사람이 죽고 성령이 자아를 하나님의 말씀으로 완전히 주장하시면 조금씩 우리 속에서 이루어지는 그리스도의 마음으로 말씀을 따라 살 수 있는 것이며, 그 진정한 사랑(성결)이 마음속에서 이루어진 그리스도인만이 하나님의 사랑으로 아무 욕심 없는 진정한 이웃 사랑을 할 수 있게 되는 것이다.

"사랑은 오래 참고 사랑은 온유하며 시기하지 아니하며 사랑은 자랑하지 아니하며 교만하지 아니하며 무례히 행하지 아니하며 자기의 유익을 구하지 아니하며 성내지 아니하며 악한 것을 생각하지 아니하며 불의를 기뻐하지 아니하며 진리와 함께 기뻐하며 모든 것을 참으며 모든 것을 믿으며 모든 것을 바라며 모든 것을 견디느니라."(고전 13:4-7)

용서와 관용이 없으면 사랑할 수 없으며 긍휼이 없는 사랑은 사랑이 아니다.

하나님의 온전한 사랑 안에 거하는 성결한 그리스도인은 원죄(시기, 질투, 원망, 불평, 용서하지 않음 등)가 깨끗함 받았으므로 다시는 원죄에 의한 죄를 짓지 아니한다. 연약함, 무지, 습관 등으로 짓는 잘못은 원죄가 아니며, 진심으로 회개하여 깨끗함을 받으면 성결을 항상 유지할 수 있다.

"만일 우리가 우리 죄를 자백하면 저는 미쁘시고 의로우사 우리 죄를 사하시며 우리를 모든 불의에서 깨끗하게 하실 것이요."(요일 1:9)

"이러므로 너희가 힘써 믿음에 덕을, 덕에 지식을, 지식에 절제를, 절제에 인내를, 인내에 경건을, 경건에 형제 우애를, 형제 우애에 사랑을 공급하라."(벧후 1:5-7)

◇복 있는 사람

"복 있는 사람은 악인의 꾀를 좇지 아니하며 죄인의 길에 서지 아니하
며 오만한 자의 자리에 앉지 아니하고 오직 여호와의 율법을 즐거워
하여 그 율법을 주야로 묵상하는 자로다 저는 시냇가에 심은 나무가
시절을 좇아 과실을 맺으며 그 잎사귀가 마르지 아니함 같으니 그 행
사가 다 형통하리로다 악인은 그렇지 않음이여 오직 바람에 나는 겨
와 같도다 그러므로 악인이 심판을 견디지 못하며 죄인이 의인의 회
중에 들지 못하리로다 대저 의인의 길은 여호와께서 인정하시나 악인
의 길은 망하리로다."(시 1:1-6)

"그리스도께서 우리로 자유케 하려고 자유를 주셨으니 그러므로 굳세
게 서서 다시는 종의 멍에를 메지 마라."(갈 5:1)

"내가 진실로 진실로 너희에게 이르노니 내 말을 듣고 또 나 보내신 이
를 믿는 자는 영생을 얻었고 심판에 이르지 아니하나니 사망에서 생
명으로 옮겼느니라."(요 5:24)

"볼찌어다 내가 문밖에 서서 두드리노니 누구든지 내 음성을 듣고 문
을 열면 내가 그에게로 들어가 그로 더불어 먹고 그는 나로 더불어 먹
으리라."(계 3:20)

"또 증거는 이것이니 하나님이 우리에게 영생을 주신 것과 이 생명이
그의 아들 안에 있는 그것이니라 아들이 있는 자에게는 생명이 있고
하나님의 아들이 없는 자에게는 생명이 없느니라."(요일 5:11-12)

우리의 죄를 대속하신 하나님의 아들을 진정으로 믿어 성령과
말씀 안에서 온전한 자유를 얻은 자만이 하늘나라에 소망을 두고,
이 땅에서 하나님께서 원하시는 사랑을 행하며, 영원한 생명을 얻
어 하나님의 나라를 유업으로 받을 복을 얻는 것이다.

"그러므로 예수께서 자기를 믿은 유대인들에게 이르시되 너희가 내 말에
거하면 진리를 알지니 진리가 너희를 자유케 하리라."(요 8:31-32)

"그런즉 믿음 소망 사랑은 항상 있을 것인데 그중에 제일은 사랑이라."(고전 13:13)

성결한 그리스도인은 평강의 하나님께서 주시는 평강으로 말미암는 사랑의 사람이며, 그들에게 약속된 천국은 이 땅에서 볼 수 없는 참으로 아름다운 곳이다.

"그 성곽은 벽옥으로 쌓였고 그 성은 정금인데 맑은 유리 같더라 그 성의 성곽의 기초석은 각색 보석으로 꾸몄는데 첫째 기초석은 벽옥이요 둘째는 남보석이요 셋째는 옥수요 넷째는 녹보석이요 다섯째는 홍마노요 여섯째는 홍보석이요 일곱째는 황옥이요 여덟째는 녹옥이요 아홉째는 담황옥이요 열째는 비취옥이요 열한째는 청옥이요 열두째는 자수정이라 그 열두 문은 열 두 진주니 각 문마다 한 개의 진주로 되어 있고 성의 길은 맑은 유리 같은 정금이더라 성안에서 내가 성전을 보지 못하였으니 이는 주 하나님 곧 전능하신 이와 및 어린 양이 그 성전이심이라 그 성은 해와 달의 비침이 쓸데없으니 이는 하나님의 영광이 비치고 어린양이 그 등불이 되심이라 만국이 그 빛 가운데로 다니고 땅의 왕들이 자기 영광을 가지고 그리로 들어가리라 낮에 성문들을 도무지 닫지 아니하리니 거기에는 밤이 없음이라 사람들이 만국의 영광과 존귀를 가지고 그리로 들어가겠고 무엇이든지 속된 것이나 가증한 일 또는 거짓말하는 자는 결코 그리로 들어가지 못하되 오직 어린양의 생명책에 기록된 자들만 들어가리라."(계 21:18-27)

거룩함이 없이는 거룩하신 하나님께로 나아갈 수 없으며, 오직 하나님의 아들 예수 그리스도의 대속의 보혈로 완전히 씻김 받고 거룩하게 된 성결한 그리스도인, 곧 오직 어린양의 생명책에 기록된 자들만 하늘나라에 들어갈 수 있다.

"모든 사람과 더불어 화평함과 거룩함을 따르라 이것이 없이는 아무도 주를 보지 못하리라."(히 12:14)

끝내는 말

　국내외의 여러 학자들의 연구와 오늘날의 인간의 심리와 정신병리 현상을 상고하여 보았다. 모든 인간은 에덴동산에서 원죄(프로이트–인간은 찢어진 존재이다)로 말미암아 타락하고 쫓겨난 상처(거절감, 박탈감, 죄책감, 수치심, 두려움, 원망, 시기, 질투, 불안, 열등감, 피해의식, 오해, 용서하지 않음 등)를 갖고 태어난 연약한 존재임으로 언제나 마음(지식, 감정, 의지)에 또다시 상처를 받을 수 있다. 열악한 환경과 사랑을 충분히 받지 못한 영혼은 한번 받은 상처가 마음에 자리를 잡고 쉽게 떠나지 않으며, 그 상처로 고통당하지만 마치 그 기억을 떠나보내지 않고 사랑하고 있는 것처럼, 악순환의 수레바퀴에서 빠져나오려 하지 않는다. 상대를 원망하면서 전혀 관계없는 다른 일로 상처를 받아도 그 상처 위에 얹어서 성(왜곡, 오해, 미움, 증오, 원망, 불안 등)을 쌓고 그 안에 들어앉는다. 그것은 인간을 타락하게 하여 하나님의 명령을 배반함으로 에덴동산에서 땅으로 쫓겨나게 하고, 계속해서 인간을 괴롭히고 멸망시켜서 지옥으로 끌고 가려고 하는 사단의 궤계이다. 그러므로 모든 인간은 마귀의 공격에 개방되어 있다.

"죄를 짓는 자는 마귀에게 속하나니 마귀는 처음부터 범죄함이니라 하나님의 아들이 나타나신 것은 마귀의 일을 멸하려 하심이니라."(요일 3:8)

따라서 우리는 하나님의 아들 대속자 예수 그리스도로 말미암아 우리에게 주신 무한한 성령과 말씀의 능력으로 승리하며 하나님의 나라를 바라보고 나아갈 수 있다.

"무릇 하나님께로서 난자마다 세상을 이기느니라 세상을 이기는 이김은 이것이니 우리의 믿음이니라 예수께서 하나님의 아들이심을 믿는 자가 아니면 세상을 이기는 자가 누구냐 이는 물과 피로 임하신 이시니 곧 예수 그리스도시라 물로만 아니요 물과 피로 임하셨고 증언하는 이는 성령이시니 성령은 진리니라."(요일 5:4-6)

"종말로 너희가 주 안에서와 그 힘의 능력으로 강건하여지고 마귀의 궤계를 능히 대적하기 위하여 하나님의 전신 갑주를 입으라 우리의 씨름은 혈과 육에 대한 것이 아니요 정사와 권세와 이 어두움의 세상 주관자들과 하늘에 있는 악의 영들에게 대함이라 그러므로 하나님의 전신갑주를 취하라 이는 악한 날에 너희가 능히 대적하고 모든 일을 행한 후에 서기 위함이라 그런즉 서서 진리로 너희 허리띠를 띠고 의의 흉배를 붙이고 평안의 복음의 예비한 것으로 신을 신고 모든 것 위에 믿음의 방패를 가지고 이로써 모든 악한 자의 화전을 소멸하고 구원의 투구와 성령의 검 곧 하나님의 말씀을 가지라 모든 기도와 간구로 하되 무시로 성령 안에서 기도하고 이를 위하여 깨어 구하기를 힘쓰며 여러 성도를 위하여 구하고."(엡 6:10-18)

아담에게 속한 옛사람의 자아가 첫 번째 성령세례로 깨어져서 거듭나고, 반드시 두 번째 하나님의 말씀으로 아담에게서 온 옛사람의 자아가 완전히 깨어져 성령충만(성결) 하게 되면 사단은 다시 하나님의 사람을 공격하거나 유혹할 수 없다.

"우리가 알거니와 우리 옛사람이 예수와 함께 십자가에 못 박힌 것은 죄의 몸이 멸하여 다시는 죄에게 종노릇 하지 아니하려 함이니 이는 죽은 자가 죄에서 벗어나 의롭다 하심을 받았느니라."(롬 6:7-8)

"하나님께로서 난자마다 범죄치 아니하는 줄을 우리가 아노라 하나님 께로서 나신 자가 저를 지키시매 악한 자가 저를 만지지도 못하느니라."(요일 5:18)

하나님의 약속대로 예수 그리스도께서 이 땅에 오셔서 마귀의 일을 멸하시고, 인간의 모든 죄를 십자가에서 완전히 씻어 주신 것을 믿으면 그리스도의 보혈의 능력은 나의 원죄와 자범죄와 모든 상처까지 하나님의 진리의 영으로 깨끗하게 씻어지고, 성결의 영으로 흘러넘치게 되어 하나님의 말씀 안에서 용서하며, 사랑하며, 성령의 열매를 맺으며, 악한 마귀가 다시 공격하지 못하는 성결한 그리스도인으로 살다가 주께서 부르시는 날 "아멘 할렐루야"로 하나님께 나아 갈 수 있게 되는 것이다.

참고문헌

〈양서〉

Adams, J. E., 1970. *Competent to Counseling*, Nutley, N.J. : Presbyterian and Reformed Publishing Co.

Benner, D. G., 1987. *Christian Counseling and Psychotherapy*, Grand Rapids : Baker Books.

Collins, G., 1982. *Helping People Grow — Practical Approaches to Christian Counseling*, Ventura : Vision House.

Crabb, L. J., 1978. *Effective Biblical Counseling*, Grand Rapids, Michigan : Zondervan.

Wilsnack, S. C. 1982. Alcohol abuse and alcoholism in women. in E. M. Pattison & E. 2011. *Global Status Report on Alcohol and Health*. Geneva, Switzerland : World Health Organization.

Yin, R. K, 2003. *Case study Research: Design and method*(3rd ed). Thousand Oaks, Calif. : Sage Publications.

〈번역서〉

데이빗 파울리슨. 2013. 『정신의학과 기독교』. 전형준 옮김. 서울. 도서출판 대서.

시워드 힐트너. 1968. 『목회 신학 원론』. 민경배 역. 서울. 대한기독교서회.

자끄 뷔숄드. 2012. 『완전한 자유. 용서』. 채희석 옮김. 서울: 도서출판 국제제자훈련원.

존 오웬. 2004. 『죄 죽이기』. 박문재 역. 서울: SFC.

커원 윌리암. 2007. 『현대기독교상담학』, 정동섭 역, 서울: 예찬사.

〈한서〉

김병오. 2009. 『중독을 치유하는 영성』. 서울: 대서.

김용태. 2007. 『기독교 상담학』. 서울: 학지사.

김의식. 2002. 『상한 마음의 치유』. 서울. 쿰란출판사.

김정규. 2010. 『게슈탈트 심리치료』. 서울: 학지사.

김제술. 2004. 『목회상담의 이론과 실제』. 서울: 세종문화사.

노안영. 2007. 『상담심리학의 이론과 실제』. 서울: 학지사.

손매남. 2004. 『목회 정신병리학』. 서울: 목회상담개발원.

_____. 2004. 『인격치유와 치유상담』, 서울: 한국상담개발원.

심수명 2004. 『인격치료』. 서울: 학지사.

양병모. 2011. 『기독교 상담의 이해』. 서울: 도서출판 이화.

유영권. 2008. 『기독(목회) 상담학』. 서울. 학지사,

이선화. 2021. 『상처+힐링. JESUS+만남』. 서울: 도서출판 러빙터치.

주서택. 2011. 『내적치유와 상담』. 서울. 순출판사.

정정숙 2002. 『기독교 상담학』. 서울: 도서출판 베다니.

〈논문 및 정기간행물〉

김동선. 2021. "성결과 구원에 대한 연구─기독교 상담의 역할". 미드웨스트대학교 기독교상담학 박사학위 논문.

하영희 2010. "비행 청소년들을 위한 기독교 상담 접근 방안─ 합리적 · 정서적 행동상 요법(REBT)을 중심으로". 미드웨스트대학교 신학대학원 박사학위논문.

〈온라인 사이트〉

다들보아 헤럴드. 2017. http://blog.daum.net/hongpyp/1244.

멀랏. 2015. http://blog.daum.net/dmsrua0702/15513755.